Bibliografische Information der Deutschen Nationalbibliothek:

Die Deutsche Nationalbibliothek verzeichnet diese Publikation in der Deutschen Nationalbibliografie; detaillierte bibliografische Daten sind im Internet über http://dnb.d-nb.de abrufbar.

Impressum:

Lektorat: Annika Lutter

Copyright © 2015 ScienceFactory

Ein Imprint der GRIN Verlag GmbH

Druck und Bindung: Books on Demand GmbH, Norderstedt, Germany

Coverbild: © Photographee.eu – fotolia.com

Ältere Mitarbeiter erfolgreich führen.

Wie demopraphiefeste Personalführung funktioniert

Inhaltsverzeichnis

Arbeitsmarktpolitische Herausforderungen des demografischen Wandels. Die ältere Belegschaft zwischen Age Management und Ruhestandserwartung von Jasmin Schmid 7

    1. Einleitung 8

    2. Age-Management 9

    3. Ruhestandserwartungen 11

    4. Handlung(-sbedarf) der Betriebe 12

    5. Schluss 14

    6. Literaturverzeichnis 15

Ältere Mitarbeiter lernen nicht schlechter. Relevanz und Umsetzungsimplikationen altersgerechter Didaktik von Henriette Kolbe 17

    1. Einleitung 18

    2. Ausgangspunkt 19

    3. Veränderungen im Alter 24

    4. Altersgerechte Didaktik 29

    5. Schlussbetrachtung 32

    6. Literaturverzeichnis 33

Führen von älteren Mitarbeitern von Markus Fost 37

    1. Einleitung 39

    2. Ältere Mitarbeiter 41

    3. Grundlagen der Personalführung 47

    4. Führen von älteren Mitarbeitern 54

    5. Schlussfolgerung 66

    6. Literaturverzeichnis 67

    7. Anhang 69

Personalentwicklung. Eine lohnende Maßnahme bei älteren Mitarbeitern? Von Sina Dorothea Hankofer 71

    1. Einleitung 72

    2. Begriffsdefinitionen 75

3. Verschiedene Personalentwicklungsmöglichkeiten 82

4. Vergleichende Analyse 87

5. Fazit 94

6. Literaturverzeichnis 96

Wissen durch Erfahrung. Weiterbildung und Förderung älterer Mitarbeiter als Erfolgsfaktor in Zeiten des Wandels von Thomas Duda... 99

1. Einleitung 100

2. Der ältere Mitarbeiter als Erfolgsfaktor in Zeiten des Wandels 103

3. Die berufliche Weiterbildung älterer Mitarbeiter 116

4. Die Förderung älterer Mitarbeiter: Ausgesuchte Handlungsfelder des HRM zur Steigerung der Employability 144

5. Schlussfolgerungen für eine demographiefeste Personalarbeit 164

6. Fazit 167

7. Literaturverzeichnis 168

Arbeitsmarktpolitische Herausforderungen des demografischen Wandels. Die ältere Belegschaft zwischen Age Management und Ruhestandserwartung von Jasmin Schmid

1. Einleitung

Der demografische Übergang birgt zahlreiche Herausforderungen für Wirtschaft, Politik, Gesellschaft und Wissenschaft. Die zu beobachtende Knappheit jüngerer Fachkräfte, das höhere gesetzlich geregelte Renteneintrittsalter und die mangelnde Attraktivität Deutschlands für hochqualifizierte Zuwanderer lassen die Potenziale der älteren Belegschaft in Unternehmen immer wichtiger werden. Daher werden viele Unternehmen in Zukunft mehr darauf angewiesen sein, die Stärken älterer Arbeitnehmer trotz des bevorstehenden Eintritts in den Ruhestand bestmöglich zu nutzen und ein sinnvolles Age-Management zu betreiben. Die Erwartungen bezüglich des Ruhestands können von dem Age-Management ebenfalls positiv beeinflusst werden und einen nachhaltigen Effekt auf den Unternehmenserfolg als Ganzes beitragen (vgl. Holz & Da-Cruz, 2007).

Inwieweit die ältere Belegschaft sich zwischen Age-Management und Ruhestandserwartung befindet und in welcher Weise die Betriebe agieren, wurde in meinem Referat im Rahmen des Seminars vorgestellt und soll nun im Folgenden noch einmal erläutert werden.

2. Age-Management

Der finnische Wissenschaftler Juhani Ilmarinen hat sich seit mehreren Jahrzehnten die Verbesserung der Arbeitsfähigkeit aller Beschäftigtengruppen durch Generationen-Management im Lebenslauf zur Aufgabe gemacht und entwickelte eine meinem Erachten nach äußerst treffende Definition des Begriffs Age-Management:

Age management means managing the work ability of personnel and the success of the enterprise. It is the everyday management and organization of work from the viewpoint of the life course and resources of people whether the changes are caused by the ageing process or by other agerelated factors (Ilmarinen, 2005, S. 233).

Der utilitaristisch orientierte Unternehmenswert ist hierbei nämlich nicht ausgeklammert. Trotzdem geht es auch um das Wohl des Arbeitnehmers, wenn es weiter heißt „The most noble and precious objective of age management is to ensure that employees have the prerequisites for a good life ..." (Ilmarinen, 2005, S. 234). Weitere Ziele des Age-Managements seien zum Beispiel die Verbesserung des Wissens über das Altern, Förderung von Gesundheit und Arbeitsfähigkeit sowie Produktivität, lebenslanges Lernen, altersfreundliche Arbeitsregelungen und die Ermöglichung eines würdevollen Übergangs in den Ruhestand (vgl. Ilmarinen 2012).

Durch umfangreiche Forschungsarbeiten Ilmarinens zur Arbeitsfähigkeit älterer Arbeitnehmer konnten individuelle Hauptfaktoren ausfindig gemacht werden. Die Forschungsergebnisse lassen sich in Form eines „Hauses der Arbeitsfähigkeit" (Ilmarinen, 2012, S. 3) mit vier Stockwerken veranschaulichen. Die drei unteren Stockwerke des Hauses beschreiben die individuellen Ressourcen: Gesundheit, Kompetenz und Arbeitssituation (Werte, Einstellung, Motivation). Das vierte Stockwerk steht für das Arbeitsleben (Arbeit, Arbeitsumgebung, Führung). Die Arbeitsfähigkeit spiegelt also das Verhältnis zwischen Arbeit und individuellen Ressourcen wider. Demnach gilt die Regel: „passen Arbeit und individuelle Ressourcen gut zusammen, ist die Arbeitsfähigkeit gut" (Ilmarinen, 2012, S. 3).

Die Treppenstufen zwischen den einzelnen Stockwerken verdeutlichen die Wechselwirkungen zwischen sämtlichen Stockwerken des Hauses und auch die Einbettung in die Gesellschaft (mit Kultur, Gesetzgebung, Bildungspolitik und Sozial- und Gesundheitspolitik) betont, dass keine Unternehmenshandlungen im luftleeren Raum geschehen, sondern diese wiederum gebunden sind an umliegende Bedingungen. Die Treppen und der Balkon am dritten Stockwerk unterstreichen, dass auch Wechselwirkungen zwischen den Stockwerken und der Außenwelt bestehen (vgl. Ilmarinen 2012).

Doch nicht nur die vier Stockwerke des beschriebenen Modells sind Voraussetzungen für Arbeitsfähigkeit, Age-Management und damit eine zufriedenere Arbeitssituation. Auch Sensibilisierung für die Belange älterer Arbeitnehmer, Zusammenarbeit aller beteiligten Akteure, kontinuierliche Kommunikation und Evaluierung und Bewertung sind Bedingungen, die vorhanden sein müssen (vgl. Naegele & Walker, 2007). Nur unter diesen Voraussetzungen können acht Dimensionen des gelingenden Age-Managements erreicht werden. Diese setzen sich wie folgt zusammen: Personalbeschaffung, lebenslanges Lernen, Karriereentwicklung, flexible Arbeitszeitgestaltung, Gesundheitsschutz und -förderung, Personalumsetzung, Unternehmensaustritt und Übergang in den bevorstehenden Ruhestand sowie ganzheitlich umfassende Ansätze, die alle Aspekte der Personalpolitik von der Einstellung bis zum Erwerbsaustritt umfassen (vgl. Naegele & Walker, 2007). Ein bereits aufgeführtes Ziel und eine Dimension des Age-Managements war die Ermöglichung eines würdevollen Übergangs in den Ruhestand. Doch welche Erwartungen gehen mit dem Lebensereignis einher?

3. Ruhestandserwartungen

Allein der Begriff Ruhestand ist ein bezeichnendes Wort, beinhaltet es zum einen Ruhe und zum anderen Stand, im Sinne von Stillstand und somit gleich in zweierlei Hinsicht den Gegensatz zu Leben und Lebendigsein (vgl. Meinolf 2004). So wie die sich im Ruhestand Befindenden als Menschen und Persönlichkeiten unterschiedlich sind, so sind dies auch die Bedingungen des Ruhestands, die Erwartungen an ihn und die vorangegangenen Arbeitswelten. Es ist wichtig, sich der individuellen Komponente des Themas bewusst zu sein und sich klar vor Augen zu führen, dass es *den* Ruhestand als solchen nicht gibt. Doch trotzdem lässt sich verallgemeinernd sagen, dass das altersbedingte Ausscheiden des Erwachsenen aus dem Berufsleben einen enormen Umbruch in mehreren, ja nahezu allen Lebensbereichen darstellt. Bewusstwerden des eigenen Alters, Status-, Rollen- und Werteverlust in der Leistungsgesellschaft, meist geringere Einkünfte, Neustrukturierung der Zeitabläufe und Tätigkeiten und Veränderung der Sozialkontakte sind typische Begleiterscheinungen des Ruhestands. Da es auch den typischen Eintritt in den Ruhestand nicht gibt, ist es notwendig, sich mögliche Bedingungen der Ruhestandsverarbeitung zu verdeutlichen, die beeinflussen können, ob die Zeit nach der Erwerbstätigkeit als positiv oder negativ gewertet wird. Will man die Ergebnisse vieler empirischer Studien zu den psychosozialen Auswirkungen des Ruhestands zusammenfassen und einen Überblick über die Vielzahl der möglichen Variablen auf die Ruhestandsverarbeitung und -erwartung geben, so ergibt sich das Modell von Mayring 1990, welches im Referat bereits dargestellt wurde. Nach diesem können gesellschaftlichspolitische, historische, individuell biografische, individuell aktuelle, soziale, berufliche und betriebliche Bedingungen eine Rolle spielen. Je nach individuellen Geschehnissen zeigen sich Auswirkungen auf verschiedene Lebensbereiche, die sehr maßgebend sind und somit eine völlige Neuorientierung des sich im Ruhestand Befindenden abverlangen. Doch wenn betriebliche Faktoren die Ruhestandserwartung beeinflussen, inwieweit kann dann das Age-Management damit in Verbindung gebracht werden?

4. Handlung(-sbedarf) der Betriebe

In erster Linie stellt das Age-Management an das strategische Personalmanagement eines Unternehmens große Ansprüche. Dieses soll nämlich in der Lage sein, die bereits erwähnten acht Dimensionen des Age-Managements Wirklichkeit werden zu lassen und somit für die ältere Belegschaft als auch für das Unternehmen Gewinne zu generieren (vgl. Naegele & Walker 2007). Die Sicherstellung der Informationsweiterleitung, Verbesserung der Arbeitsbedingungen, das Anbieten von Weiterbildungen (z.B. Work-Life-Balance, Gesundheitskurse etc.) und unterschiedlichen Arbeitszeitmodellen sowie das Akquirieren von Nachwuchskräften, die Gewährleistung von Wissenstransfer und die Planung, Umsetzung und Evaluation sind Erfolgsfaktoren für das Age-Management, wenn sie Maßnahmen ergreifen wollen, um mehr auf die Belange der älteren Belegschaft einzugehen und deren Ruhestandserwartungen zu ihrem Gunsten zu verändern (vgl. Holz & Da-Cruz, 2007).

Ein zufriedener Arbeitnehmer ist verstärkt dazu bereit, auch nach Erreichen der Ruhestandseintrittsgrenze noch für das Unternehmen in Form von Ehrenamt oder Minijob weiterhin tätig zu sein. Auch ist die Informationsweiterleitung im Sinne von positiver Mundpropaganda gewährleistet, wenn ein glücklicher Arbeitnehmer in den Ruhestand entlassen wird. Dieser ist nämlich durchaus in der Lage, Marketing für das Unternehmen zu betreiben und zum Beispiel Familienangehörige zu rekrutieren. Personalbeschaffung benötigt nicht immer zeitaufwändige Messenbesuche und kostspielige Unternehmenswerbung.

Ein gelungenes Beispiel eines solchen Age-Managements lässt sich bei der Aktiengesellschaft SAP in dem Projekt „Active @ work" (Lotzmann, 2007, S. 80) finden. Durch Kommunikation, die über Newsletter, Mitarbeiterzeitung und Homepage betrieben wurde, machte man auf die Idee eines geplanten Age-Managementsansatzes und auf die Belange älterer Mitarbeiter aufmerksam. Jobrotation in gemischten Teams ermöglichte den Wissenstransfer und die Nutzung generationsspezifischer Fähigkeiten (vgl. Lotzmann, 2007). Die plan- und gestaltbare Lebensarbeitszeit (vgl. Sättele, 2007) wurde als ein Arbeitszeitmodell den Arbeitnehmern bei SAP möglich gemacht sowie die Förderung von Innovationen. Zukunftswerkstätten mit altersgemischten Teams ließen zahlreiche Ideen entwickeln und kreative Prozesse gewinnbringend entstehen.

Um die Leistungsfähigkeit nachhaltig zu erhalten, wurden Schulungen und Sportangebote erschaffen. Diese sollten ferner zur Unterstützung bei der Eigenverantwortung zu Gesundheit und Lebensbalance beitragen (vgl. Lotzmann, 2007).

Doch trotz der Existenz vereinzelter Unternehmen gibt es weiterhin zahlreiche Negativbeispiele, die dringenden Handlungsbedarf aufweisen. Nicht selten gilt die ältere Belegschaft als ökonomisch unwichtig, aufgrund mangelnder Produktivität oder geringerer Anwesenheitsdauer im Unternehmen beispielsweise durch Altersteilzeit. Ebenfalls wird ihnen häufig mangelnde Zukunftsfokussierung durch den bevorstehenden Ruhestand unterstellt. Ältere Arbeitnehmer werden als Randgruppe gesehen und es wird ihnen zu wenig Beachtung geschenkt. Viele Weiterbildungsangebote von Unternehmen zielen auf Nachwuchskräfte ab und sind auch lernpsychologisch nicht auf die Bedürfnisse Älterer angepasst. Des Weiteren kommt hinzu, dass Weiterbildungen häufig von Weiterbildnern angeboten werden, die eigenen kommerziellen Gewinn erzielen möchten, so zum Beispiel bei Vertretern von Rentenversicherungen oder bestimmten Freizeitangeboten. Vorbereitungskurse für den Ruhestand werden sehr häufig nur von Volkshochschulen und nicht als Schulung im Unternehmen angeboten. Personalinstrumente die Ruhestandsregelungen und -möglichkeiten betreffen, werden häufig nicht ausreichend thematisiert. Informationen gelangen nicht genügend an die Arbeitnehmer, die nicht um ihre potentiellen Möglichkeiten und Rechte wissen und somit in ihren Erwartungen gegenüber dem bevorstehenden Ruhestand häufig verunsichert sind (vgl. Kiefer, 1997).

5. Schluss

Vor dem Hintergrund der Relevanz und Dringlichkeit von Generationsproblemen im Unternehmen und der individuellen Ruhestandserwartungen lässt sich konstituieren, dass zwar vereinzelte Unternehmen sich dem Thema Age-Management und auch den verschiedenen Erwartungen und der Informationsbereitschaft zum Ruhestand annehmen, sich aber durch zahlreiche Stigmatisierungen der älteren Belegschaften gegenüber zu wenige Betriebe dem demografischen Übergang angepasst haben (vgl. Oertel, 2007). „Unternehmen, die sich den Herausforderungen zum jetzigen Zeitpunkt nicht stellen, werden in der Zukunft Schwierigkeiten haben, entsprechende Versäumnisse aufzuholen" (Holz & Da-Cruz, 2007, S. 21). Die Beobachtung des Zeitgeistes und der Veränderungen in der Personalstruktur eines Unternehmens kann für Arbeitnehmer sowie für den Unternehmenserfolg äußerst gewinnbringend sein. „In einem sich verändernden Arbeitsmarkt sollte die Integration älterer Mitarbeiter daher stärker als Chance denn als Risiko begriffen werden" (Holz & Da-Cruz, 2007, S. 21).

6. Literaturverzeichnis

Bücher:

Clemens, Wolfgang. (2012). Vorbereitung auf und Umgang mit Pensionierung. In H.-W. Wahl; C. Tesch-Römer; J. Ziegelmann (Hrsg.), *Angewandte Gerontologie. Interventionen für ein gutes Altern in 100 Schlüsselbegriffen* (S. 218-223). Stutt-gart: Kohlhammer.

Holz, Melanie; Da-Cruz, Patrick. (2007). Neue Herausforderungen im Zusammenhang mit alternden Belegschaften. In M. Holz; P. Da-Cruz (Hrsg.), *Demografischer Wandel in Unternehmen. Herausforderung für die strategische Personalplanung* (S. 13-22). Wiesbaden: Gabler.

Ilmarinen, Juhani. (2005). *Towards a longer worklife! Ageing and the quality of worklife in the European Union.* Helsinki: Finnish Institute of Occupational Health, Ministry of Social Affairs and Health.

Ilmarinen, Juhani. (2012). *Förderung des aktiven Alterns am Arbeitsplatz.* Jyväskylä: Europäische Agentur für Sicherheit und Gesundheitsschutz am Arbeitsplatz

Kiefer, Tina. (1997). Von der Erwerbsarbeit in den Ruhestand. Theoretische und empirische Ansätze zur Bedeutung von Aktivitäten. Bern: Huber.

Lotzmann, Natalie. (2007). Diversity Management bei der SAP AG. In M. Holz; P. Da-Cruz (Hrsg.), *Demografischer Wandel in Unternehmen. Herausforderung für die strategische Personalplanung* (S. 69-88). Wiesbaden: Gabler.

Mayring, Philipp. (1990). *Pensionierung.* Augsburg: Univ.

Meinolf, Peters. (2004). *Klinische Entwicklungspsychologie des Alters. Grundlagen für psychosoziale Beratung und Psychotherapie.* Göttingen: Vandenhoeck & Ruprecht.

Naegele, Gerhard; Walker, Alan. (2007). *Ein Leitfaden für gute Praxis im Altersmanagement.* Dänemark: Europäische Stiftung zur Verbesserung der Lebens- und Arbeitsbedingungen.

Oertel, Jutta. (2007). *Generationenmanagement in Unternehmen.* Wiesbaden: Dt. Univ.-Verlag.

Sättele, Annette. (2007). Arbeitsrechtliche Aspekte der Beschäftigung älterer Arbeitnehmer. In M. Holz; P. Da-Cruz (Hrsg.), *Demografischer Wandel in Unternehmen. Herausforderung für die strategische Personalplanung* (S. 89-98). Wiesbaden: Gabler.

Ältere Mitarbeiter lernen nicht schlechter. Relevanz und Umsetzungsimplikationen altersgerechter Didaktik von Henriette Kolbe

1. Einleitung

Der Paragraph 1 des Allgemeinen Gleichbehandlungsgesetzes (AGG) hat das Ziel, dass „Benachteiligungen aus Gründen der Rasse oder wegen der ethnischen Herkunft, des Geschlechts, der Religion oder Weltanschauung, einer Behinderung, des Alters oder der sexuellen Identität zu verhindern oder zu beseitigen" [Bundesministerium der Justiz und für Verbraucherschutz] sind. Da eine Gleichbehandlung auch eine Diskriminierung beinhalten kann, werden unter §10 Ausnahmen wie besondere Beschäftigungs- und Arbeitsbedingungen in Anlehnung an die Berufserfahrung und Alter bestimmt, die betriebliche Vorteile mitsichbringen. Den Unternehmen kommt in Angesicht des Antidiskriminierungsgesetzes und der alternden Gesellschaft eine besondere Verantwortung zu. Sie müssen laut des Paragraphen für „besondere Bedingungen [...] zur beruflichen Bildung" sorgen. In Form von beispielsweise Weiterbildungen für ältere Arbeitnehmerinnen/Arbeitnehmer[1] müssen diese demnach auch altersgerecht aufgebaut sein. Doch was meint altersgerecht, wie sieht eine altersgerechte Didaktik aus? Zur Beantwortung meiner leitenden Fragestellung werden zunächst die Ausgangslage und die damit verbundene Relevanz der altersgerechten Didaktik an Hand des Wandels der gesellschaftlichen Altersstruktur und der damit einhergehenden strukturellen Entwicklung in der personellen Zusammensetzung der Erwerbstätigkeit beschrieben. Im nächsten Abschnitt wird erläutert, welche arbeitsrelevante Veränderungen im Alter entstehen. Darauf basierend folgen Konsequenzen für die didaktische Aufbereitung und eine Auflistung, welchen Ansprüchen sie gerecht werden muss. Diese Arbeit hat den Anspruch eines Überblicks über die Bedeutung des Alters in Bezug zur Erwerbstätigkeit. Dabei werden exemplarisch der Aspekt der Weiterbildung und die notwendigen Handlungsansprüche entwickelt. Eine einzelne Unterscheidung in verschiedene Tätigkeitsbereiche sowie die umfangreiche Ausarbeitung kann auf Grund der Rahmenbedingungen nicht gegeben werden.

Aus Gründen der besseren Lesbarkeit wird im Folgenden auf die Aufzählung aller Geschlechterformen verzichtet. Dabei richten sich die Formulierungen selbstverständlich gleichermaßen an alle Geschlechter.

2. Ausgangspunkt

Grundsätzlich lassen sich Veränderungen in der Gesellschaft und in der Arbeitswelt feststellen, die für die Einbeziehung von und den Umgang mit älteren Erwerbstätigen in Unternehmen relevant sind. Zum einen existieren stetige Entwicklungen von Produkten und Technologien, an die sich angepasst werden müssen. Andererseits unterliegt die Arbeitswelt einer zunehmenden Schnelllebigkeit der Unternehmensstrukturen sowie des Arbeitsprozesses. Hinzu kommt ein gestiegenes wirtschaftliches Interesse bei Unternehmen. [vgl. Cranach 2004, S. 14 f.] Neben den Entwicklungen der internen Rahmenbedingungen wie Spezialisierung der Arbeitsfelder und Veränderungen der Arbeitsformen wie beispielsweise Teamarbeit nehmen auch die Veränderungen von externen Faktoren einen entscheidenden Einfluss auf die Personalstruktur [vgl. Bieling 2011, S. 3 f.]. Im Folgenden werden näher auf die gesellschaftlichen Veränderungen bezüglich der Altersstruktur sowie die daraus resultierenden Auswirkungen auf die Zusammensetzung der Erwerbsbeteiligung eingegangen.

2.1 Wandel der gesellschaftlichen Altersstruktur

Der Anstieg der Lebenserwartung und der Rückgang der Geburtenrate in Deutschland führen zu einer Altersverteilung, in der es mehr ältere als jüngere Menschen gibt. Folglich schrumpft und überaltert die Gesellschaft. [Gallenberger 2002, S. 24]

Abbildung 1 (siehe S. 3) zeigt, dass jeder fünfte in Deutschland (2011) über 64 Jahre alt ist. Im Vergleich zu den Jahren 1991 und 2001 zeigt sich die Entwicklung zur einer stark gealterten Gesellschaft. Der Anteil der unter 65-jährigen nahm zugunsten der Altersgruppe 65 Jahre und älter zunehmend ab.

Abbildung 2 (siehe S. 3) zeigt die prognostizierte Veränderung der Altersstruktur. Der Anteil der Altersgruppe der 0- bis 20-jährigen ähnelt sich dem der über 64-jährigen mit circa 16% beziehungsweise 19,5%. Die Annahme für 2030 verdeutlicht die Auswirkungen der gestiegenen Lebenserwartung und des Geburtenrückganges. Der Anteil der Jungen schrumpft zugunsten des Anteils der Alten auf 12,9% beziehungsweise 17%, während die männlichen über 64-jährigen knapp ein Viertel und die weiblichen fast ein Drittel der Gesellschaft ausmachen. Die Altersgruppe der 20- bis 65-jährigen entwickelt sich wie bereits in den letzten Jahrzehnten weiter zurück.

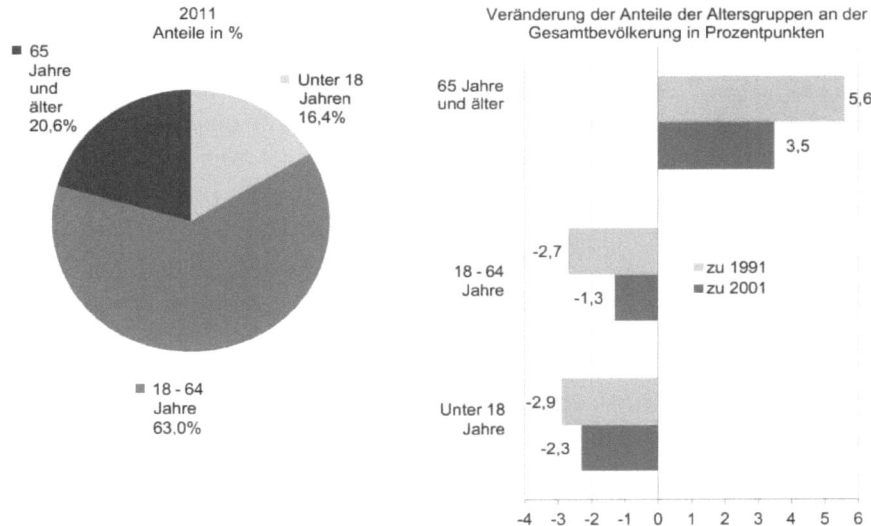

Abbildung 1: Verteilung der Anteile der Altersgruppen 2011 und Veränderungen zu den Jahren 1991 und 2001 [Statistische Ämter des Bundes und der Länder 2014, S. 18]

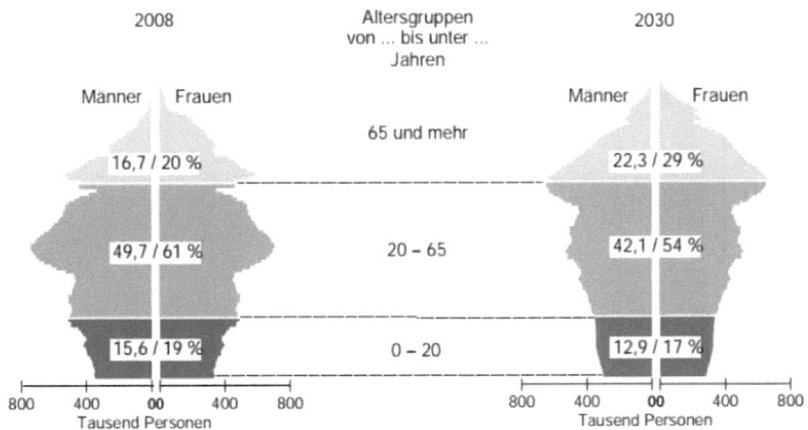

Abbildung 2: Altersstruktur in Deutschland [Statistische Ämter des Bundes und der Länder 2011, S. 24]

2.2 Erwerbsbeteiligung

Erwerbstätige Personen sind all diejenigen, die mit dem Ziel einer wirtschaftlichen Entlohnung einer offiziellen Tätigkeit nachgehen. Die Erwerbsbeteiligung meint dabei die charakteristische Zusammensetzung des Erwerbspersonenpotentials, welche sich in dieser Arbeit sich auf die Alterszusammensetzung und -entwicklung beschränkt. [vgl. Behrend 2002, S. 12 f.]

Die Entwicklung der gesellschaftlichen Altersstruktur wirkt sich unter anderem auf die Altersturktur der Erwerbsbeteiligung aus. Ausgehend von den beschriebenen demographischen Veränderungen lassen sich für die Erwerbsbeteiligung zwei Tendenzen vermuten: Zum einen wird die Gruppe der erwerbsfähigen Personen auf Grund der schrumpfenden Bevölkerung kleiner werden, wenngleich das derzeitige Renteneintrittsalter in der Regel 67 Jahre beträgt. Zum anderen wird sich das Durchschnittsalter der Erwerbstätigen erhöhen.

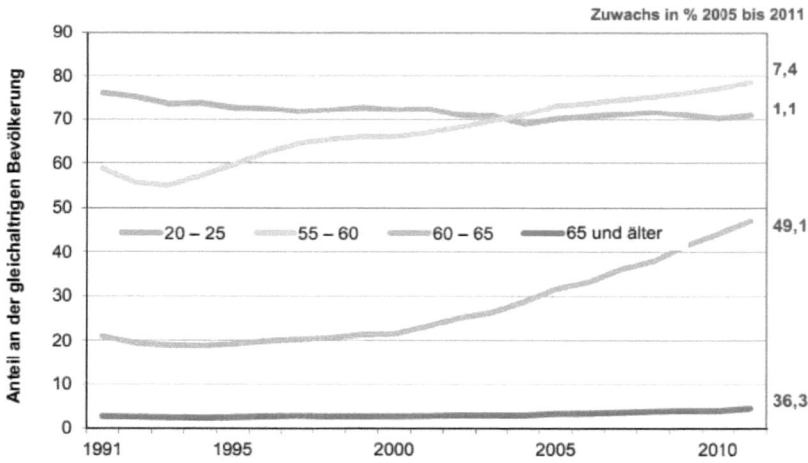

Abbildung 3: Entwicklung der Erwerbsquoten in Deutschland [Gesellschaft für Wirtschaftliche Strukturforschung mbH 2012, S. 12]

Wie in Abbildung 3 zu erkennen ist, nahm der Anteil der 20- bis 25-jährigen zu Gunsten der 55- bis 65-jährigen in den vergangenen Jahren ab.

Auffallend ist, dass die Erwerbsquote der 60- bis 65-jährigen sich in den Jahren von 2005 bis 2011 von circa 21% auf knapp 50% mehr als verdoppelt hat. Damit hat diese Altersgruppe den größten Zuwachs.

Die Personengruppe 65 und älter stellt weiterhin den geringsten Anteil mit deutlich unter 10%. Allerdings zeigt sich im Verlauf der letzten Jahre ein geringfügiger Anstieg, der auf Grund des geringen Ausgangswertes im Jahr 2005 immerhin 36,3% beträgt.

Der sich in den letzten Jahrzehnten abzeichnende Trend wird sich voraussichtlich fortführen. Die Internationale Arbeitsorganisation (ILO) schätzt, dass sich bis zum Jahr 2025 der anteilige Anstieg der über 50-jährigen fortsetzen wird. Damit wird die Erwerbsquote dieser Altersgruppe um die 30% liegen. Demzufolge wird die Beteiligung der unter 25-jährigen am Arbeitsmarkt deutlich abnehmen. [vgl. Ilmarinen 2004, S. 30 ff.] Zugleich wird sich aber die geringe Alterserwerbstätigkeit in Deutschland fortführen. Einer der häufig genannten Gründe ist der anfangs beschriebene Strukturwandel innerhalb der Unternehmen. Der Anpassungsdruck wird für ältere Arbeitnehmer extremer empfunden als für jüngere, weshalb sie sich eher aus der Erwerbstätigkeit zurückziehen. [vgl. Funk 2004, S. 21 ff.] In der aktuellen Pressemitteilung des Statistischen Bundesamtes vom 05.01.2015 wird zwar berichtet, dass im Jahr 2014 der Anteil der Erwerbstätigkeit im Vergleich zum Vorjahr um 0,6 Prozentpunkte gestiegen ist, was zunächst eine Erhöhung der aktiv am Arbeitsmarkt verfügbaren Erwerbspersonen vermuten lässt. Dennoch ist diese Aussage mit Vorsicht zu genießen, da zeitgleich ein Anstieg der Teilzeitbeschäftigung zu vermerken ist. Das bedeutet, dass eine Person mehrere Tätigkeiten nachgehen und somit mehrfach in die Statistik eingehen könnte. [vgl. Statistisches Bundesamt, 2015]

3. Veränderungen im Alter

Die Veränderung in der Bevölkerungsstruktur macht sich auch in der Altersstruktur der Erwerbstätigen bemerkbar. Zunehmend mehr ältere Menschen müssen und werden mit steigender Tendenz erwerbstätig sein. Die eingangs beschriebenen Veränderungen in der Arbeitswelt stellen Unternehmen demnach vor die Aufgabe, ältere Mitarbeiter aktiv in den Wertschöpfungsprozess einzubinden und möglichen negativen Folgen der Alterung entgegenzuwirken. Was genau unter *ältere Arbeitnehmer* zu verstehen ist und welcher Zusammenhang zwischen dem Alter und der Leistungsfähigkeit aus gerontologischer Sicht besteht, sollen im Folgenden beschrieben werden.

3.1 Begriffsbestimmung *ältere Arbeitnehmer*

Bei der Definition von *Alter* liegen verschiedene wissenschaftliche Ansätze vor: chronologisches Alter nach Lebensjahren in der Biologie, psychologisches Alter nach Entwicklungsstufen in der Psychologie, soziales Alter nach Lebensabschnitten in der Soziologie. [vgl. Bieling 2011, S. 9 ff.] Dem chronologischen Alter nach ist jeder Arbeitnehmer auch ein älter werdender Arbeitnehmer. In diesem Fall meint es jedoch den Zeitraum, in dem durch das Altern bedingt wesentliche und arbeitsrelevante Veränderungen eintreten. Diese Sichtweise setzt den Schwerpunkt auf die biologischen Veränderungen, die im zunehmenden Alter eintreten. Eine einheitliche Altersgrenze, ab wann man zu den älteren Arbeitnehmern gehört, existiert nicht. Im SGB III § 417 Absatz 1 gelten diejenigen als ältere Arbeitnehmer, die das 50. Lebensjahr vollendet haben [vgl. Sozialgesetzbuch]. Eurostat definiert die Grenze für ältere Arbeitnehmer bei 55 Jahren [vgl. Bieling 2011, S. 9]. Die OECD definiert ältere Arbeitnehmer als diejenigen, die sich in der zweiten Hälfte ihres Erwerbslebens befinden, wodurch sich eine Grenze von circa 40 Jahren ergibt [vgl. Nienhüser 2002, S. 65]. Zudem berücksichtigt die OECD die Faktoren Arbeitsfähigkeit und Gesundheit. Damit stellt die Definition der OECD keine fixe, kalendarische Altersgrenze dar, sondern bietet neben dem altersbedingten Faktor auch individuelle Einschätzungsmöglichkeiten. [vgl. Lukas 2011, S. 8 ff.]

Auf die individuellen Veränderungen soll nun näher eingegangen werden.

3.2 Körperliche Leistungsfähigkeit

Bei den Veränderungen der körperlichen Leistungsfähigkeit ist es schwer zu bestimmen, was auf das Altern zurückzuführen ist und was auf die Lebens- oder Arbeitsumstände. Mit zunehmenden Alter nimmt die körperliche Leistungsfähigkeit ab. Das Ausmaß wird jedoch maßgeblich dadurch bestimmt, wie körperlich fit der Einzelne ist und welcher Art von Arbeit er nachgeht. Der Sauerstoffverbrauch nimmt spätestens ab dem 30. Lebensjahr in Abhängigkeit vom Geschlecht und der Tätigkeit ab. [vgl. Ilmarinen 2004, S. 35] Das Herz-Kreislauf-System wird schwächer und bei dem Stütz- und Bewegungsapparat nimmt die Dehn- und Beugefähigkeit unabhängig von der Art der Arbeit circa ab dem 45. Lebensjahr ab [vgl. Semmer / Richter 2004, S. 96].

Die körperliche Belastung sollte demnach mit zunehmenden Alter minimiert werden. Zudem sollten durch den Arbeitgeber Anreize dafür gesetzt werden, dass der Arbeitnehmer sich prophylaktisch durch sportliche Betätigung fit hält. [vgl. Ilmarinen 2004, S. 33; S. 35]

3.3 Kognitive Leistungsfähigkeit

Die kognitive Leistungsfähigkeit wird als die Fähigkeit verstanden, verschiedene intellektuell anstrengende Anforderungen zu bewältigen. Dabei fokussiert sich die Forschung hauptsächlich auf die Funktionen Wahrnehmung, Gedächtnis, Lernen, Denken und Sprachgebrauch. [vgl. ebenda, S. 36 f.] Die Geschwindigkeit der Informationsverarbeitung nimmt mit zunehmenden Alter ab. Dieses hängt zum einen mit einer Verlangsamung der Wahrnehmung über die Sinnesorgane und zum anderen mit der motorischen Umsetzung zusammen. Zusätzlich nimmt die Konzentrationsfähigkeit ab. Mit steigendem Alter fällt es schwerer, die Aufmerksamkeit auf das Wesentliche zu richten und störende Reize zu ignorieren. Bei der Gedächtnisleistung zeigt sich, dass es für ältere Arbeitnehmer schwieriger wird, sich neue Dinge zu merken. Dieser Effekt verstärkt sich, je theoretischer das Neue vermittelt wird und je weniger es Verwendung findet oder wiederholt wird. [vgl. Semmer / Richter 2004, S. 96 f.]

Die Lernleistung an sich nimmt nicht ab, nur die Geschwindigkeit. Diese kann mit einer gesteigerten Lernmotivation kompensiert werden. Zusätzlich sollten Aufgaben möglichst einfach gestellt sein, da vor allem unter Zeitdruck komplexe Aufgaben mit zunehmenden Alter schwieriger zu bewältigen sind. [vgl. Ilmarinen 2004, S. 36 f.]

3.4 Berufliche Leistungsfähigkeit

Die durch physische und kognitive Veränderungen bedingte verminderte Belastbarkeit älterer Mitarbeiter wirkt sich auch auf die berufliche Leistungsfähigkeit aus. Ende der 90er Jahre des letzten Jahrhunderts hat das Finnish Institute of Occupational Health ein Konzept zur Arbeitsfähigkeit vorgelegt. Dieses beschreibt eine Wechselwirkung zwischen den menschlichen Ressourcen (gesundheitliche und funktionale Fähigkeiten, Ausbildungs- und Kompetenzstand, Einstellungen, Motivation) und der Tätigkeit (berufliche

Anforderung, Kollegen und Personalführung, Arbeitsumgebung). Diese ist als ein dynamischer Prozess zu verstehen, der in Abhängigkeit zu individuellen Faktoren steht. Die menschlichen Ressourcen werden vor allem durch das Alter bedingt. Die Tätigkeit ist geprägt durch Veränderungen und Weiterentwicklungen, an die sich angepasst werden müssen. Die Arbeitsfähigkeit kann demnach vor allem durch ein adäquates Altersmanagement der Personalführung, Gesundheitsfürsorge des Arbeitgebers und altersgerechte Weiterbildungen entscheidend gesteigert werden. (vgl. Ilmarinen 2004, S. 39 ff.)

3.5 Zusammenfassung

Zusammenfassend lässt sich festhalten, dass die Leistungsverminderungen am offensichtlichsten im körperlichen Bereich bemerkbar sind. Diesen kann mit einer Anpassung des Arbeitsplatzes und der Tätigkeit entgegengewirkt werden. Vorbeugend ist es vor allem Aufgabe des Einzelnen, sich körperlich fit zu halten. Diese Intention kann aber auch durch das Unternehmen selbst gefördert werden.

Fähigkeiten die mit dem Alter wachsen	Fähigkeiten die vom Alter kaum beeinflusst werden	Fähigkeiten die sich mit dem Alter verringern
Arbeits- und Berufserfahrung	sich in alltäglichen Problemen zurecht finden	Wahrnehmungsgeschwindigkeit
Urteilsfähigkeit	Wissensumfang	Geschwindigkeit der Informationsverarbeitung
Erfassen von Sinnzusammenhängen	Aufmerksamkeit und Konzentrationsfähigkeit	Muskelkraft
Sprachgewandtheit	Gedächtnis	Widerstandsfähigkeit gegen hohe Dauerbelastung
Selbständigkeit	Lernfähigkeit	Sinnesleistungen (Sehen, Hören, Tasten)
Fähigkeit zu dispositivem Denken	lernbedingte Intelligenz (Wort- und Zahlenverständnis, induktives Denken)	
Fähigkeit, mit Menschen umzugehen	geistige Beweglichkeit (Auffassungsgabe)	
Kontakt- und Konfliktlösungsfähigkeit	Widerstandsfähigkeit gegen normale Dauerbelastung	
Geistige und körperliche Fertigkeiten (Arbeits- und Denkmethoden)		
Verantwortungsbewusstsein und Zuverlässigkeit		
Ausgeglichenheit und Beständigkeit		
Menschliche Reife, positive Einstellung zur Arbeit		

Tabelle 1: Vom Alter beeinflusste Fähigkeiten [Decker 1984, S. 170; zitiert nach: Brünner / Huss / Kölbl 2006, S.6-78]

Bei dem kognitiven Bereich lässt sich festhalten, dass sich die Leistungsfähigkeit zwar verändert, aber nicht gänzlich eingeschränkt wird. Ältere Menschen lernen nicht schlech-ter. Sie lernen anders. Wie Tabelle 1 zeigt, überwiegt die Zahl der Fähigkeiten, die mit steigendem Alter wachsen. Ältere Mitarbeiter haben zusätzlich zur Notwendigkeit einen besonderen Wert, den sich Unternehmen zu Nutze machen können.

4. Altersgerechte Didaktik

Die auf Grund der Veränderungen gestiegene Bedeutung älterer Arbeitnehmer stellt Unternehmen folglich vor die Aufgabe, diese effektiv einzubinden. Neben den strukturellen Anpassungen des Arbeitsplatzes müssen auch Inhalte und Formen von Weiterbildungen

an die Anforderungen des Alters angepasst werden, um der Bedeutung des lebenslangen Lernens gerecht zu werden. Die lernrelevanten Defizite sind in Anlehnung an Tabelle 1 geringere Wahrnehmungsgeschwindigkeit, verringerte Informationsverarbeitungsgeschwindigkeit, geringe Belastbarkeit in Hinblick auf Zeitdruck sowie verminderte Sinnesleistungen und Empfindungen.

4.1 Lernen im Alter

Das Vorurteil, dass mit steigendem Lebensalter eine verminderte Lernfähigkeit einsetzt, wurde durch diverse Untersuchungen widerlegt. Das Defizitmodell des Alterns rückt somit in den Hintergrund: Ältere Menschen lernen nicht schlechter, sondern anders. Die Kernanforderung an eine altersgerechte Didaktik und an den Dozenten ist das theoretische Wissen zum Lernverhalten. Dennoch hat sich bisher keine altersgerechte Didaktik in der Erwachsenenbildung etabliert. [vgl. Brünner 2011. S. 2 f.]

Wie Tabelle 2 zeigt, bietet das Alter eine Reihe von Vorzügen, die bei der Vermittlung von Lerninhalten beachtet werden sollten. Zum einen kann bei Älteren auf einen größeren Erfahrungsschatz zurückgegriffen werden, wodurch sich neues Wissen leichter verknüpfen lässt. Dafür bedarf es allerdings einer sehr guten Vorbereitung des Lernmaterials sowie eine möglichst homogene Lerngruppe.

Defizite	Vorzüge
schlechteres Lernen bei sinnlosem Material	vergleichen neues Wissen mit bereits vorhandenem
Fehlen einer Lerntechnik	eigenverantwortliches / selbständiges Arbeiten
Behinderung durch zu schnell gebotenen Lernstoff	problemzentrierte Sichtweise – Betonung des Anwendungsaspekts
mehr Wiederholungen benötigt	Leichtigkeit im Umgang mit komplexeren Sachverhalten
Lernprozess ist störanfälliger	

Tabelle 2: Defizite und Vorzüge des Lernens Älterer (Hörwick 2003, S. 11; zitiert nach: Brünner / Huss / Kölbl 2006, S. 13)

Um das selbstständige Erarbeiten zu unterstützen, sollten den Teilnehmern verschiedene Lerntechniken aufgezeigt werden. Ein wichtiger Faktor ist die Zeit. Die Lernleistung älterer Menschen verschlechtert sich deutlich, wenn sie unter einem zeitlichen Druck stehen. Um die Belastung zu minimieren, sollte mehr Zeit für die Einheiten und deren Wiederholungen eingeplant werden.

Schwab / Schneemann betonen in ihrem Aufsatz *„Brauchen Ältere eine besondere Didaktik?"* die Dringlichkeit einer altersgerechten Didaktik. Dabei beziehen sie sich zum einen auf die durch den demographischen Wandel bedingte Veränderung in der Struktur der Erwerbsbeteiligung und zum anderen auf die Besonderheiten des Lernens im Alter. [vgl. Schwab / Schneemann 2005, S. 62 f.]

4.2 Didaktische Prinzipien für Ältere

Zusammengefasst lassen sich aus den Ressourcen und Einschränkungen älterer Menschen folgende pädagogischdidaktische Konsequenzen ziehen [in Anlehnung an Schwab / Schneemann 2005]:

Die Lerninhalte sollten sich am Arbeitsbereich des Teilnehmers orientieren.

Die Lerninhalte sollten an bereits vorhandenes Wissen geknüpft werden, weshalb eine möglichst homogene Lerngruppe nötig ist.

Die Lerninhalte sollten in einem angemessenen Tempo dargeboten werden und häufig wiederholt werden.

Die Lerninhalte sollten plausibel aufgebaut sein und einen Praxisbezug bieten.

Die problemzentrierte Sichtweise sollte Ausgangspunkt der Lerninhalte sein.

Die gestiegene Fähigkeit zum selbstständigen Lernen sollte durch die Darbietung verschiedener Lernformen unterstützt werden.

Die Lerninhalte sollte möglichst gut veranschaulicht werden.

Eine entspannte Arbeitsatmosphäre mit Raum für Selbstentfaltung steigert die Lernmotivation der Teilnehmer.

5. Schlussbetrachtung

Zusammenfassend lässt sich festhalten, dass erstens ausgehend von dem demografischen Wandel in Deutschland zunehmend mehr ältere Mitarbeiter tätig sein werden und auf Grund der schrumpfenden Gesellschaft auch müssen. Dieses setzt zweitens voraus, dass Unternehmen die ältere Belegschaft effektiv in ihre Wertschöpfungskette einsetzen und sich dabei auch die Vorzüge älterer Mitarbeiter zu Nutze machen können. Dabei müssen sie drittens den Defiziten des Alterns frühzeitig entgegenwirken und neben der altersgerechten Adaption des Tätigkeitsbereiches ältere Mitarbeiter durch altersadäquate Weiterbildungen aktiv bei der Anpassung inhaltlicher Veränderungen unterstützen. Nur so können ältere Mitarbeiter den unausweichlichen Veränderungen entsprechen und ihr volles Potenzial ausschöpfen. Bezugnehmend zur leitenden Fragestellung, ob eine altersgerechte Didaktik notwendig ist und welchen Prizipien sie folgen sollte, hat diese Arbeit aufgezeigt, dass auf Grund der alterbedingten (Lern-)Veränderungen eine Etablierung einer Altersdidaktik dringend erforderlich ist. Die in der Literatur aufgelisteten didaktischen Prinzipien bezüglich einer älteren Teilnehmergruppe wirken zum Teil trivial und überaus allgemeingültig. Nur vereinzelt lassen sich bisher pädagogische Implikationen finden, die sich von anderen Altersgruppen abgrenzen. Das Prinzip des Lebenslagen Lernens gilt dabei als bildungspolitisches Konzept. Allerdings stellen Weiterbildungsforscher einen korrelativen Zusammenhang zwischen dem Rückgang der Teilnahme an beruflichen Weiterbildungen und dem Alter fest [vgl. Gallenberger 2002, S. 84]. Die Ursachen hierfür werden allerdings kontrovers diskutiert: von der Einstellung, als ältere Mensch keine Weiterbildung mehr nötig zu haben, bis zum fehlenden Weiterbildungsangebot für diese Zielgruppe. Gerade im Hinblick auf eine alternde Belegschaft ist es zur Erhaltung der Wettbewerbsfähigkeit unerlässlich, ältere Mitarbeiter zu motivieren und ihnen adäquate Weiterbildungsmöglichkeiten anzubieten, um ihren Wissensstand aktuell zu halten. Dieses ist zum einen Aufgabe der Unternehmen, zum anderen aber auch die des Mitarbeiters. Vor allem aber ist es eine gesellschaftliche Aufgabe, Vorurteile gegenüber Älteren abzubauen und passende betriebliche sowie außerbetriebliche Weiterbildungsmöglichkeiten basierend auf einer altersgerechten Didaktik anzubieten.

6. Literaturverzeichnis

Behrend, Christoph: Erwerbsarbeit Älterer im Wandel. Demografische Herausforderungen und Veränderungen der Arbeitsgesellschaft. In: Behrend, Christoph (Hrsg.): Chancen für die Erwerbstätigkeit im Alter. Betriebliche Personalpolitik und ältere Erwerbstätige. Leske + Budrich 2002. S. 11-30.

Bieling, Gisela: Age Inclusion. Erfolgsauswirkungen des Umgangs mit Mitarbeitern unterschiedlicher Altersgruppen in Unternehmen. Gabler Verlag 2011.

Brünner, Anita / Huss, Susanne / Kölbl, Karin: Alters- und gendersensible Didaktik in der betrieblichen Weiterbildung. Literaturstudie. 2006. Online unter: http://www.ifeb.uni-klu.ac.at/fileadmin/eb/produkte_gps/06_11_literaturstudie_neu.pdf (eingesehen am 30.12.2014).

Bundesministerium der Justiz und für Verbraucherschutz: Allgemeines Gleichbehandlungsgesetz. Online unter: http://www.gesetze-im-internet.de/agg/ (eingesehen am 30.12.14).

Cranach, Mario von: Die Beschäftigung älterer Menschen im Unternehmen. Die Verantwortung der Unternehmen im Kontext gesellschaftlicher Zusammenhänge. In: Cranach, Mario von / Schneider, Hans-Dieter / Ulich, Eberhard / Winkler, Ruedi (Hrsg.): Ältere Menschen im Unternehmen. Chancen, Risiken, Modelle. Haupt Verlag 2004. S. 13-28.

Funk, Lothar: Mehr Beschäftigung für Ältere. Lehren aus dem Ausland. Deutscher Insti-tuts-Verlag 2004.

Gallenberger, Wolfgang: Weiterbildungsabstinenz älterer Beschäftigter in einer alternden Erwerbsbevölkerung?. Leske + Budrich 2002.

Gesellschaft für Wirtschaftliche Strukturforschung mbH (Hrsg.): Erwerbsbeteiligung in Deutschland 2011. Frauen und Ältere nach vorn. 2012. Online unter: http://www.gws-os.com/discussionpapers/Themenreport%20Erwerbsarbeit_2012_final.pdf (eingesehen am 30.12.2014).

Ilmarinen, Juhani E.: Älter werdende Arbeitnehmer und Arbeitnehmerinnen. In: Cranach, Mario von / Schneider, Hans-Dieter / Ulich, Eberhard / Winkler, Ruedi (Hrsg.): Ältere Menschen im Unternehmen. Chancen, Risiken, Modelle. Haupt Verlag 2004. S. 29-47.

Lukas, Julia: Personalpolitische Handlungsalternativen mit älteren Arbeitnehmern in Unternehmen vor dem Hintergrund der demographischen Entwicklung in Deutschland. Eine theoretische Analyse und praktische Implementierung an einem konkreten Praxisbeispiel. Springer Gabler 2011.

Nienhüser, Werner: Alternde Belegschaften. Betriebliche Ressource oder Belastung. In: Behrend, Christoph (Hrsg.): Chancen für die Erwerbstätigkeit im Alter. Betriebliche Personalpolitik und ältere Erwerbstätige. Leske + Budrich 2002. S. 63-85.

Schwab, Herbert / Seemann, Sabine: Brauchen Ältere eine besondere Didaktik in der beruflichen Qualifizierung? In: Loebe, Herbert (Hrsg.): Wettbewerbsfähig mit alternden Belegschaften. Betriebliche Bildung und Beschäftigung im Zeichen des demografischen Wandels. Bertelsmann Verlag 2005. S. 59-68.

Semmer, Norbert / Richter, Peter: Leistungsfähigkeit, Leistungsbereitschaft und Belastbarkeit älterer Menschen. Befunde und Konsequenzen. In: Cranach, Mario von / Schneider, Hans-Dieter / Ulich, Eberhard / Winkler, Ruedi (Hrsg.): Ältere Menschen im Unternehmen. Chancen, Risiken, Modelle. Haupt Verlag 2004. S. 95-116.

Sozialgesetzbuch: § 417 SGB III. Entgeltsicherung für ältere Arbeitnehmerinnen und Arbeitnehmer. Online unter: http://www.sozialgesetzbuch-sgb.de/sgbiii/417.html (eingesehen am 30.12.2014).

Statistische Ämter des Bundes und der Länder (Hrsg.): Zensus 2011. Bevölkerung nach Geschlecht, Alter, Staatsangehörigkeit, Familienstand und Religionszugehörigkeit. Endgültige Ergebnisse. 2014. Online unter: https://www.destatis.de/DE/Publikationen/Thematisch/Bevoelkerung/Zensus/ZensusBuLa 5121101119004.pdf?__blob=publicationFile (eingesehen am 30.12.2014).

Statistische Ämter des Bundes und der Länder (Hrsg.): Demografischer Wandel in Deutschland Bevölkerungs- und Haushaltsentwicklung im Bund und in den Ländern. Heft 1. 2011. Online unter: https://www.destatis.de/DE/Publikationen/Thematisch/Bevoelkerung/VorausberechnungBevoelkerung/BevoelkerungsHaushaltsentwicklung5871101119004.pdf?__blob=publicationFile (eingesehen am 30.12.2014).

Statistisches Bundesamt: Weiterer Anstieg der Erwerbstätigkeit im Jahr 2014. Pressemitteilung Nr. 001 vom 05.01.2015. Online unter: https://www.destatis.de/DE/PresseService/Presse/Pressemitteilungen/2015/01/PD15_001_13321.html;jsessionid=135FDD63B00199ADE0B48D2192885DBA.cae3 (eingesehen am 06.01.2015).

Führen von älteren Mitarbeitern von Markus Fost

Vorbemerkung:

Alle geschlechtsbezogen erscheinenden Formulierungen im Folgenden gelten ohne jegliche Einschränkung für beide Geschlechter gleichwertig.

1. Einleitung

Aufgrund der zunehmenden Globalisierung, dem technischen Fortschritt, immer kürzer werdenden Produktlebenszyklen und bei gleichzeitig stetig zunehmender Erwartungshaltung hinsichtlich der Erzeugnisqualität, wird es schwierig für westliche Unternehmungen werden, dem zunehmenden Kostendruck aufstrebender Industrienationen aus dem fernen Osten standzuhalten.

Um den derzeitig hohen Lebensstandard beizubehalten, ist es auch in Zukunft unumgänglich, sämtliche Erzeugnisse erfolgreich auf dem Weltmarkt zu platzieren. Damit diese Prämisse auch in Zukunft realisiert werden kann, wird der Bedarf an hochqualifizierten Fachkräften stetig zunehmen, ein Bedarf der bereits in der Gegenwart ohne Fachkräfte aus dem Ausland in manchen Industriebereichen nicht mehr ausreichend gedeckt werden kann.

1.1. Problemstellung

Nun wird die deutsche Wirtschaft auch noch durch die aktuellste Prognose hinsichtlich der Bevölkerungsentwicklung vom Statistischen Bundesamt in Wiesbaden schockiert.[1] Den Berechnungen zufolge werden sich die demographischen Veränderungen im Zuge der Globalisierung zu einer der größten Herausforderungen der Zukunft entwickeln.[2] In Deutschland werden die Proportionen der einzelnen Altersschichten in ein starkes Ungleichgewicht fallen. Zudem werden den erwerbsfähigen Personen künftig immer mehr Senioren gegenüberstehen, sodass für das Jahr 2050 doppelt so viele ältere wie jüngere Menschen prognostiziert werden. Im Falle der Fortsetzung dieser demografischen Entwicklungen wird die Einwohnerzahl vom Basisjahr 2005 zu dem Berichtsjahr 2050 um ca. 20% sinken.[3] Auch das Durchschnittsalter der Bevölkerung von ca. 41 Jahren im Jahr 2000, wird sich auf 48 Jahre zum Jahr 2050 erhöhen. Diese alarmierenden Zahlen und Meldungen machen deutlich, dass Unternehmer aufgrund zunehmender Knappheit an Humanressourcen gezwungen sind, deren Rekrutierungsstrategien zu optimieren.

Der offensichtlich nicht zu deckende Bedarf an qualifiziertem Nachwuchs wird auch künftig bessere Chancen für ältere Arbeitnehmer generieren.

---

[1] Statistisches Bundesamt (2006), Bevölkerung Deutschlands bis zum Jahr 2050

[2] Vgl. Voelpel et. al., Herausforderung 50 plus, (2007), S.7

[3] Vgl. Statistisches Bundesamt (2006), S 5ff.

Deshalb sind Führungskräfte der Unternehmungen angehalten, sich zunehmend Gedanken über den Erhalt und die Förderung der Arbeitsfähigkeit von älteren Mitarbeitern zu machen.[4]

1.2. Zielsetzung der Arbeit

Vor allem bei der Führung älterer Mitarbeiter bedarf es eines gewissen Fingerspitzengefühls sowie qualifizierter Expertise, um Fachkräfte in diesem Alterssegment gezielt zu führen, langfristig zu Höchstleistungen anzuspornen und dadurch dem Unternehmen nachhaltig eine hohes Maß an Wettbewerbsfähigkeit zu verschaffen.

Die vorliegende Arbeit setzt sich mit dieser Thematik auseinander, um vor allem jungen Führungskräften einer Hilfestellung hinsichtlich einer erfolgreichen Kollaboration mit älteren Arbeitnehmern zu bieten.

---

[4] Vgl. Domres, Führung älterer Mitarbeiter, (2006), S.10

2. Ältere Mitarbeiter

„Neue Besen kehren gut. Aber die alten kennen die Ecken."

(Klaus Steilmann, deutscher Unternehmer)

Die Thematik „Führen von älteren Mitarbeitern" setzt eine präzise Betrachtung dieser Mitarbeitergruppe voraus.[5] Nachfolgend werden neben der begrifflichen Abgrenzung älterer Mitarbeiter auch die Auswirkungen des demografischen Wandels in den Unternehmen näher beleuchtet.

2.1. Begriffliche Definitionen

Eindeutige Definitionen, wann ein Mensch „alt" ist, sucht man in der Literatur vergebens. Offensichtlich erweist sich das kalendarische Lebensalter dafür als untauglicher Index, da der biologische Alterungsprozess bei jedem Menschen einen völlig unterschiedlichen Verlauf zeigt.[6]

Gemäß der *„Organisation for Economic Cooperation and Development (OECD)"* werden Mitarbeiter, die in der zweiten Hälfte ihrer beruflichen Laufbahn stehen, jedoch das Rentenalter noch nicht erreicht haben, als „ältere Mitarbeiter" deklariert. Dabei wird auch die Gesundheit, d.h. die Arbeitsfähigkeit jedes einzelnen Mitarbeiters berücksichtigt.

Aus arbeitsmarktpolitischer Sicht zählen die Menschen, die das 45. Lebensjahr überschritten haben, zu den älteren Mitarbeitern, zumal diese Altersgruppe aufgrund des fortgeschrittenen Alters mit Beschäftigungsproblemen zu rechnen hat.[7] Das Forschungsprojekt RESPECT[8] verabschiedete ebenfalls eine Altersgrenze von 45 Jahren, was auch mit der Definition der WHO[9] übereinstimmt.

---

[5] Vgl. Ebenda, S.17

[6] Vgl. Richter, Personalführung, 4. Auflage, (1999), S.518

[7] Vgl. Ebenda S. 518

[8] Aus EU-Mitteln gefördertes Forschungsprojekt. Das Hauptziel ist die Förderung der Gesundheit und Arbeitsfähigkeit von älteren Arbeitnehmern.

[9] World Health Organisation

Dennoch muss beachtet werden, dass auf diese Altersgrenze mehrere Einflüsse wie z.B. Branche, Tätigkeit, etc. einwirken.

Die vorliegende Arbeit klassiert ältere Mitarbeiter ebenfalls ab Vollendung des 45. Lebensjahres als solche.

2.2. Auswirkungen des demografischen Wandels im Unternehmen

Betrachtet man den Bevölkerungsaufbau der Jahre 2005 und 2050 (siehe Abb. a im Anhang), so wird deutlich, mit welch erheblicher Altersstrukturverschiebung in den nächsten Dekaden in Deutschland gerechnet werden muss. Primärursache für diese „demografische Überalterung" sind die auf niedrigem Niveau stagnierende Geburtenrate sowie die steigende Lebenserwartung.[10] Neben der stagnierenden Geburtenziffer, welche auf 1,3 geborene Kinder je Frau im Alter zwischen 15 und 50 Jahren zurückgegangen ist, nähert sich vor allem die sogenannte „Baby-Boomer" Generation[11] der Nachkriegszeit zunehmend dem Rentenalter (siehe Abb. b im Anhang).

Die Weiterentwicklung der Technik, Produktivitätsfortschritte sowie Innovationen der letzten Dekaden sind zum Großteil auf die „Baby-Boomer" Generation zurückzuführen.[12] Aus der Abb. b im Anhang lässt sich gut erkennen, dass diese Mitarbeitergruppe fast simultan den Ruhestand antreten wird.

Ab dem Jahr 2010 wird die „Baby-Boomer" Generation der Nachkriegszeit in den westlichen Unternehmungen gravierenden Spuren hinterlassen.

Um diesen immensen Arbeitskräftemangel kompensieren zu können, wird sich die Erwerbstätigkeit der Arbeitnehmer einerseits verlängern, andererseits müssen spezielle Ansätze entwickelt werden, die dem älteren Humankapital bessere Arbeitsbedingungen bieten, zumal sich die derzeitige Beschäftigungspolitik sehr stark auf die jüngere Altersgruppe konzentriert.[13]

---

[10] Vgl. Domres, Führung älterer Mitarbeiter, (2006), S.18

[11] Vgl. Voelpel et. al., Herausforderung 50 plus, (2007), S.43

[12] Vgl. Ebenda, S.44ff.

[13] Vgl. Domres, Führung älterer Mitarbeiter, (2006), S.18

Ein weiterer Elementarpunkt ist der Wissenstransfer, da bei einem derartigen Generationenwechsel die Risiken für einen völligen Know-How Verlust nicht zu vernachlässigen sind. Wissensdatenbanken mit sogenannter „Knowledge Sharing" Software sind hier erste Ansätze, die von den Unternehmen zunehmend erweitert werden müssen. Kapitel 4.3 nimmt näheren Bezug auf solche Wissensmangementstrategien.

2.3. Moderne Denk- und Sichtweisen über ältere Mitarbeiter

Nicht selten herrschen im Management der Unternehmen Vorurteile darüber, dass ältere Mitarbeiter weniger leistungsfähig und leistungsbereit sind als ihre jüngeren Kollegen. Obwohl sich verschiedene Leistungsvoraussetzungen mit dem Alter grundlegend verändern, lassen heutige wissenschaftliche Untersuchungen keine generelle Verschlechterung der Arbeitsleistung bei älteren Mitarbeitern feststellen.[14] Diese Vorurteile werden zusätzlich durch die in der einschlägigen Fachliteratur existenten Defizitmodelle des Alterns untermauert, jedoch sind gerade diese, nach den aktuellsten Ergebnissen empirischer Forschung, nicht haltbar.[15]

Als „lebendiges" Beispiel zu diesen Forschungserkenntnissen möge der erste Bundeskanzler der BRD, Konrad Adenauer dienen, der sein Amt im Alter von 73 Jahren antrat und noch heute, lange nach seinem Tod, für seine geistigen Fähigkeiten im hohen Alter stets Bewunderung erntet.

2.3.1. Verhalten von älteren Mitarbeitern

Um eine bessere Übersicht über die Verhaltensweisen und Arbeitseinstellungen älterer Mitarbeiter gewinnen zu können, empfiehlt sich ein Blick auf die nachfolgende Gegenüberstellung der typischen Merkmale (Abb. c im Anhang).

Die Übersicht macht deutlich, dass sich sämtliche Vorurteile negativer Art hinsichtlich der Verhaltensmerkmale, auf die Generation der „Veteranen" beziehen. Da diese Ansichten auf Vergangenheitswerte des Verhaltens von älteren Mitarbeitern beruhen, mögen diese durchaus ihre „Daseinsberechtigung" gehabt haben. Durch die fast vollständig vollzogene Verrentung der „Veteranen-Generation", gelten die genannten Ansichten heutzutage als antiquiert.

---

[14] Vgl. Wunderlich, Ältere Mitarbeiter als Herausforderung für Führungskräfte, (2006), www.business-wissen.de, Recherche am 17.03.08

[15] Vgl. Domres, Führung älterer Mitarbeiter, (2006), S.21ff.

Gegenwärtig sind die „Baby-Boomer" in die Generation der älteren Mitarbeiter aufgerückt. Diese weisen nicht nur deutlich kultiviertere Verhaltensansätze auf, sondern sind auch nicht von einer Inflexibilität geprägt, wie es bei den früheren Generationen teilweise der Fall war.

Des Weiteren muss noch angemerkt werden, dass selbstverständlich nicht alle Menschen, die zur gleichen Generation gehören, identische Eigenschaften aufweisen.[16]

Die Übersicht im Anhang (Abb. c) gibt daher lediglich Aufschluss über allgemeine Charakteristika der jeweiligen Generation.

2.3.2. Abkehr von negativen Vorurteilen

Jede biologische Alternstheorie basiert auf der Annahme, dass das Altern einem kontinuierlichen Abbau elementarer Leistungsfunktionen unterliegt.[17] Diese Defizittheorie gilt jedoch als äußerst umstritten und ist offensichtlich nicht generell für die persönliche Leistungs- und Motivationsfähigkeit älterer Menschen anwendbar.[18]

Abbildung 1 zeigt, wie das Älterwerden die menschliche Leistungsfähigkeit beeinflusst bzw. verändert. Diese Darstellung lässt erkennen, dass die Leistungsperformance älterer Mitarbeiter keineswegs einem generellen Funktionsverlust unterliegt. „Es ändern sich Qualifikationsprofil und Einsatzfähigkeit, nicht aber Arbeits- und Leistungsfähigkeit".19

---

[16] Vgl. Voelpel et.al., Herausforderung 50 plus, (2007), S.109

[17] Vgl. Lehr, Psychologie des Alterns, (2000), S. 46

[18] Vgl. Wolff et. al., Arbeit – Altern – Innovation, (2001), S.54

[19] Ebenda S. 21

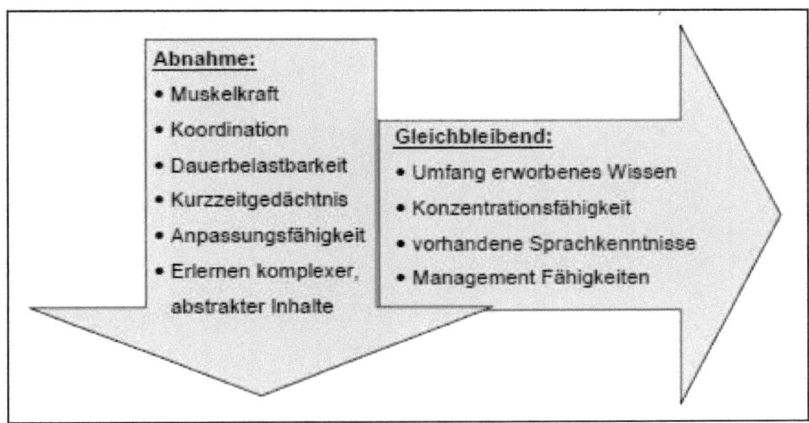

Abbildung 1: Im Altersverlauf abnehmende und gleich-
bleibende Fähigkeiten
(eigene Darstellung)

2.3.3. Potentiale älterer Mitarbeiter

Bei einer Vielzahl von Arbeits- und Alltagsaufgaben sind mit zunehmendem Alter keine allgemeinen Verschlechterungen zu erwarten, in manchen Segmenten nimmt die Leistungsfähigkeit sogar spürbar zu.[20] Abbildung 2 untermauert diese Aussage mit entsprechenden Beispielen. Es lässt sich feststellen, dass im Alter sogar elementare Eigenschaften wie eine methodische Denkweise oder auch die sozialen Fähigkeiten zunehmen. Dies stellt heutzutage eine wichtige Voraussetzung für eine gute Führungskraft dar.

---

[20] Vgl. Hallsten, Arbeit und psychologische Veränderungen im Alter, (1998), S.143

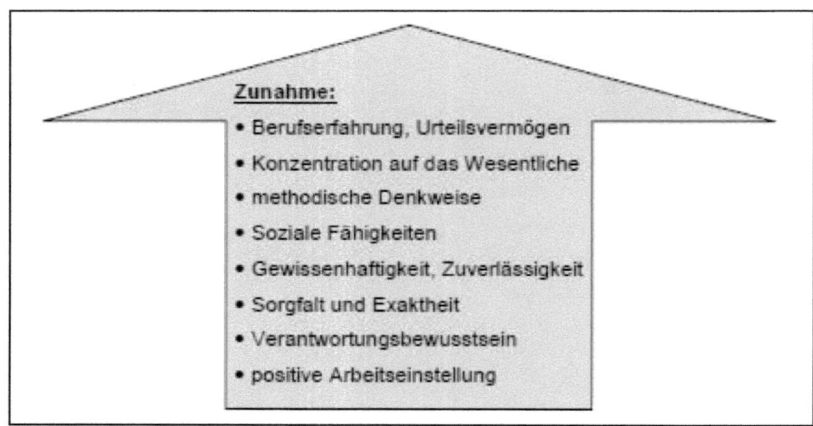

Abbildung 2: Im Altersverlauf zunehmende Fähigkeiten
(eigene Darstellung)

Es lässt sich jedoch feststellen, dass viele ältere Mitarbeiter weniger an deren Weiterentwicklung, Beförderung oder gar an einem höherem Gehalt orientiert sind, sondern vielmehr ihren erreichten Besitzstand bewahren möchten. Demzufolge legen viele ältere Mitarbeiter offensichtlich den Fokus auf die Anerkennung und Wertschätzung für errungene Leistungen in der Vergangenheit.[21]

Geradezu konträr erscheint die Tatsache, dass viele Führungsrollen in Branchen die einem kontinuierlichen Wandel ausgesetzt sind, von älteren Arbeitnehmern besetzt werden. Daraus lässt sich ableiten, dass solche negativen Stereotype in der Realität keine Allgemeingültigkeit aufweisen. Um das Potential älterer Mitarbeiter optimal ausnutzen zu können, sind moderne Führungsansätze notwendig. Mit dem Primärziel, eine maximale Wertschöpfung aus dieser Arbeitnehmergeneration zu erlangen, beschäftigt sich Kapitel 4 ausschließlich mit den Führungsansätzen für ältere Mitarbeiter.

Zunächst werden jedoch in Kapitel 3 die Grundlagen der Personalführung eingehend erläutert.

---

[21] Vgl. Richter, Personalführung, 4. Auflage, (1999), S.519

3. Grundlagen der Personalführung

„Behandle die Menschen so, als wären sie, was sie sein sollten,

und du hilfst ihnen zu werden, was sie sein können."

(Johann Wolfgang von Goethe (1749-1832), dt. Dichter)

Im Verlauf dieses Kapitels werden die führungstheoretischen Ansätze, die für eine weitere Auseinandersetzung mit dem Thema „Führen von älteren Mitarbeitern" notwendig sind, erläutert.

3.1. Begriffliche Definitionen

In der einschlägigen Fachliteratur findet sich eine nahezu unüberschaubare Vielzahl an Definitionen für den Begriff: „Personalführung".

Demzufolge versteht sich die nachfolgende Auswahl an Definitionen als Versuch, eine zeitgemäße Begriffsabgrenzung im Hinblick auf Führung von älteren Mitarbeitern zu verschaffen.

Lieber (2007, S. 2) definiert Personalführung als einen Prozess der Beeinflussung von Mitarbeitern, damit diese wiederum durch ihr Verhalten bei der Erreichung der Unternehmensziele beitragen. [22] Des Weiteren versteht er unter Personal- oder Mitarbeiterführung einen Interaktionsprozess im Unternehmen, bei dem eine Führungskraft das Handeln, Denken und Fühlen der Mitarbeiter in ihrem Verantwortungsbereich (z.B. Projektgruppe, Abteilung, etc.) im Hinblick auf die gemeinsame Erreichung von Unternehmenszielen bzw. die für den Verantwortungsbereich damit zusammenhängende Ziele zu beeinflussen und zu steuern versucht.[23]

Weibler (2002, S. 28ff) definiert Führung wie folgt: „Führung heißt, andere durch eigenes, sozial akzeptiertes Verhalten so zu beeinflussen, dass dies bei den Beeinflussten mittelbar oder unmittelbar ein intendiertes Verhalten bewirkt."[24] Mit dieser Definition hebt Weibler vor allem den Aspekt der sozialen Akzeptanz hervor.

---

[22] Vgl. Lieber, Personalführung, (2007), S. 2

[23] Vgl. Ebenda, S. 5

[24] Weibler, Personalführung, (2002), S. 28ff

Noch einen Schritt weiter geht **Rosenstiel** (2001, S. 319), der in seiner Führungsdefinition vor allem die Relevanz und Bedeutung der Kommunikations-mittel betont. Er definiert Führung als „unmittelbare, absichtliche und zielbezogene Einflussnahme von bestimmten Personen – in der Regel Vorgesetzte – auf andere Personen – in der Regel Untergebene – in Organisationen mit Hilfe der *Kommunikationsmittel*".[25]

Bei diesen modernen und zeitgemäßen Definitionen wird explizit die Notwendigkeit einer informativen, kommunikativen und kooperativen Führungs-mentalität betont. Des Weiteren sind motivatorische Aspekte von größter Relevanz, um möglichst viele „Goodwillbeiträge" der Mitarbeiter zu erlangen.

Kapitel 4 wird diese vorweggenommenen Thesen entsprechend verdeutlichen.

3.2. Klassische Führungsstile und Führungsprinzipien

„Gute Führung hängt maßgeblich von der Person der Führungskraft ab!"[26]

Auch der jeweilige Führungsstil bzw. die situationsbezogene Erlebbarkeit dessen, hängt primär von der Führungspersönlichkeit ab und wird von dem Umfeld geprägt, in dem die Führung ausgeübt wird.[27]

Die klassischen Führungsstile erstrecken sich vom autoritären Stil, bei dem der Führende die alleinige, unantastbare Entscheidungsgewalt ausübt, über den patriarchischen Stil, indem der Vorgesetzte die Entscheidung nach Rücksprache mit den Mitarbeitern anordnet, bis hin zu den partizipativen und demokratischen Führungsansätzen, in denen der Vorgesetzte seine unterstellten Mitarbeiter direkt in den Entscheidungsprozess implementiert.

Abbildung b im Anhang dient zur Übersicht der genannten Führungsstile.

An dieser Stelle ist anzumerken, dass zahlreiche Führungsstilmodelle existieren, die einem stetigen, auf trendorientiertem Verhalten basierenden Wandel unterliegen.

---

[25] Rosenstiel, Führung, Lehrbuch der Personalpsychologie, (2001), S.319

[26] Pinnow, Führen – Worauf es wirklich ankommt, (2005), S. 83

[27] Vgl. Behrendt et. al., Führen mit Persönlichkeit, (2004), S. 46

In der Praxis reicht es allerdings nicht aus, den Führungsstil in einem eindimensionalen Kontinuum darzustellen, da dieser zahlreichen weiteren Merkmalen unterliegt[28], wie z.B. den angewandten Führungsprinzipien („Management by" Ansätze), auf die nachfolgend eingegangen wird, sowie den Führungsinstrumentarien, die im nächsten Kapitel 3.3 ausführlich behandelt werden.

Aussagen darüber, mit welchen Techniken und Mitteln ein Vorgesetzter/Manager führt, geben angewandte Führungsprinzipien. Nachfolgend werden die drei einschlägigsten „Management by" Ansätze vorgestellt:

Management by: Führen durch:	Beschreibung:
Delegation Delegieren	Entscheidungskompetenzen werden weitest gehend hierarchisch von oben nach unten delegiert. Dieses Prinzip entwickelte sich aufgrund der zunehmenden Arbeitsteilung in unserer modernen Gesellschaft.
Exception Eingriffe in Ausnahmefällen	Die Mitarbeiter sind angehalten selbstständig und Eigenverantwortlich zu handeln, bis Ausnahmefälle bzw. das Auftreten von unvorhergesehenen Ereignissen ein Eingreifen auf übergeordneter Ebene erfordert.
Objectives Zielvereinbarung	Die Entscheidungsgewalt erarbeitet gemeinsam mit seinen Mitarbeitern eine entsprechende Zielvorgabe. Es werden jedoch keine Regeln für die Zielerreichung festgelegt. Dem Aufgabenträger wird somit eine Kompetenz zugesprochen, eigenverantwortlich auf Ressourcen zuzugreifen, die zur Zielerreichung notwendig sind. Dieses Prinzip gilt auch heute als sehr erfolgreich.

Tabelle 3: Einschlägige Führungsprinzipien
(eigene Darstellung)

Es gilt zu beachten, dass neben diesen klassischen Führungsprinzipien noch viele Weitere existent sind. Zumeist handelt es sich in diesem Fall jedoch um Abwandlungen der in Tabelle 3 dargestellten Konzepte.[29]

---

[28] Vgl. Pinnow, Führen – Worauf es wirklich ankommt, (2005), S. 74f.
[29] Vgl. Ebenda S. 77f.

3.3. Zielerreichung durch den Einsatz von Führungsinstrumenten

In der Personalführung unterscheidet man zwischen zwei Leistungsbeiträgen, die von Mitarbeitern erbracht werden. Dabei handelt es sich zum Einen um Pflichtbeiträge, deren Erfüllung ein Mitarbeiter aufgrund des Arbeitsvertrages dem Unternehmen schuldet.[30] Bei Nichterfüllung der Pflichtbeiträge sind dem Arbeitgeber entsprechende arbeitsrechtliche Konsequenzen vorbehalten.

Anders hingegen sieht es bei den Goodwillbeiträgen aus. Dies sind Leistungsbeiträge, die ein Mitarbeiter freiwillig erbringen oder auch zurückhalten kann, da sie kein arbeitsrechtlich verankerter Bestandteil einer geschuldeten Leistungspflicht sind.[31] Um Mitarbeiter hinsichtlich der Erbringung von Goodwillbeiträgen wie z.B. Proaktives handeln, Eigeninitiative, Flexibilität, Gewissenhaftigkeit, oder die Entwicklung von Verbesserungsvorschlägen, etc. zu stimulieren, ist es unumgänglich für jede Führungskraft, für ein hohes Maß an Arbeitszufriedenheit zu sorgen. Dazu bedarf es zunächst dem Verständnis der Zwei-Faktoren-Theorie von Herzberg, die in Abb. 4 dargestellt wird.

---

[30] Vgl. Lieber, Personalführung, (2007), S. 9

[31] Vgl. Ebenda, S. 9

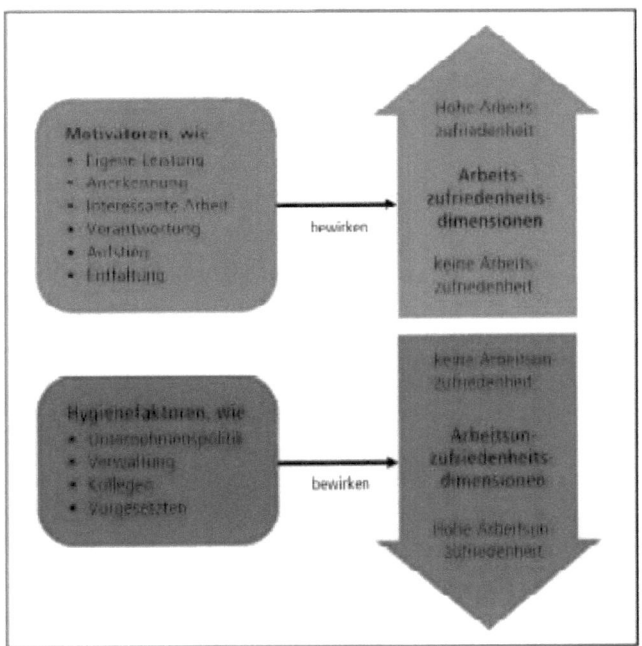

Abbildung 4: Zwei-Faktoren-Theorie von Herzberg
(eigene Darstellung in Anlehnung an Lieber, Personalführung, (2007), S. 14)

In seiner Theorie unterscheidet Herzberg zwischen zwei Faktoren, zum einen den ideellen Motivatoren, wie z.B. Anerkennung, Verantwortung und Entfaltung, welche die Arbeitszufriedenheit bestimmen und zum anderen den Hygienefaktoren, welche eine absolute Prämisse im Unternehmen darstellen müssen, um den Mitarbeiter vor einer Arbeitsunzufriedenheit zu bewahren. Ist beispielweise die Unternehmenspolitik für den Mitarbeiter unbefriedigend, so ist es lt. Herzberg's Theorie überhaupt nicht möglich in die Arbeitszufriedenheitsdimension zu gelangen, sodass sämtlicher Einfluss der Motivatoren verpufft.

Die Hygienefaktoren kann ein Vorgesetzter auch sekundär dadurch beeinflussen, indem bei der Mitarbeiterrekrutierung primär darauf geachtet wird, dass sich neue Arbeitnehmer in das bestehende Team mühelos eingliedern können.

Primär stehen Hygienefaktoren jedoch direkt mit der Führungskraft in Zusammenhang.

Eine charismatische Führungskraft, wie es einst der US-Präsident J.F. Kennedy war, wirkt sich im Hinblick auf die Hygienefaktoren zwar positiv aus, hängt jedoch nicht direkt mit guter Führung zusammen und kann durch die Entstehung einer „Illusion der Unfehlbarkeit" sogar einen großen Schaden im Unternehmen anrichten.[32]

Um von der gesamten Belegschaft gleichermaßen als „echter Leader" anerkannt zu werden, ist heutzutage ein angemessenes Kompetenzniveau der Führungskraft durch nichts zu ersetzen. Die Ausübung eines individuellen, situativen Führungsstils (siehe Kapitel. 4.1.4) dient hierzu unterstützend. Die Anwendung dieses Stils setzt ein hohes Maß an sowohl emotionaler als auch an analytischer Intelligenz voraus. Auch die sozialen Kompetenzen dürfen bei gleichzeitig immensem Tatendrang genauso wenig vernachlässigt werden wie die klassischen Tugenden Genauigkeit, Ausdauer, Disziplin, Respekt, Konsequenz, Bescheidenheit und Verantwortungsbewusstsein.

Herzbergs's Motivatoren hingegen lassen sich durch den Einsatz gezielter Führungsinstrumente direkt und unmittelbar von Vorgesetzten steuern. Dabei ist es wichtig, jegliche Einzelleistung anzuerkennen. Der volkswirtschaftliche Grundsatz "People respond to incentives"[33] gilt auch bei den eigenen Mitarbeitern. Incentives (Anreize) müssen nicht unbedingt in Form von Geldprämien aus-geschüttet werden. Sachprämien, wie z.B. die Durchführung eines gemeinschaftlichen Events hingegen, weisen teilweise eine höhere Nachhaltigkeit auf.

---

[32] Vgl. Pinnow, Führen – Worauf es wirklich ankommt, (2005), S. 84f.

[33] Mankiw, Principles of Microeconomics, (2004), S. 7

Um langfristig als erfolgreiche Führungskraft im Top-Management bestehen zu können und Spitzenkräfte anzuwerben, ist ein fördernder Führungsstil zu empfehlen, was die Delegation von Kompetenzen erfordert und somit direkten Einfluss auf die Mitarbeitermotivation (siehe Kapitel. 4.1.3) nimmt.

Für ein nachhaltig hohes Goodwillbeitragsniveau sollten sich die Mitarbeiter vollständig mit deren Tätigkeit im Unternehmen identifizieren können.

4. Führen von älteren Mitarbeitern

„Führung heißt, dadurch erfolgreich sein,

dass man seine Mitarbeiter erfolgreich macht."

(Helmut Wohland, dt. Topmanager, Chef MAN-Roland Druckmaschinen)

Auf die Frage: „Ist eine spezielle Führung älterer Mitarbeiter überhaupt nötig und sinnvoll?"[34], soll das nachfolgende Kapitel möglichst eine Antwort geben.

Tatsächlich finden sich zahlreiche Belege dafür, dass ältere Mitarbeiter anders geführt werden sollten als deren jüngere Kollegen.

4.1. Empfehlungen der modernen Führungsforschung

Eine erfolgreiche Führungskraft sollte ihren Führungsstil nach dem jeweiligen Reifegrad des Mitarbeiters differenzieren.[35] Mit diesem Führungsmodell nach Hersey et. al. (siehe Abb. 5) wird zwischen vier verschiedenen Führungsverhalten unterschieden, die in Korrelation mit dem Reifegrad des Development Levels (Entwicklungsniveaus) des Angestellten stehen.

Das Alter des Mitarbeiters kann somit als Hauptfaktor, welcher auf die Variable des Reifegrades einwirkt, gesehen werden. Es muss jedoch ausdrücklich darauf hingewiesen werden, dass es zwar als wahrscheinlich, jedoch nicht als gegeben angesehen werden darf, einen jüngeren Mitarbeiter automatisch in ein niedrigeres Reifestadium einzustufen.

Des Weiteren muss beachtet werden, dass der Reifegrad eines Mitarbeiters einer stetigen Veränderung unterliegt, die sowohl vom Aufgabentyp als auch von der Tagesform des Mitarbeiters abhängt.[36]

---

[34] Vgl. Domres, Führung älterer Mitarbeiter, (2006), S.41

[35] Vgl. Ebenda S. 41 in Anlehnung an Hersey et. al., Management of organizational behaviour: Leading human resources, (2001)

[36] Vgl. Lieber, Personalführung, (2007), S. 56 ff.

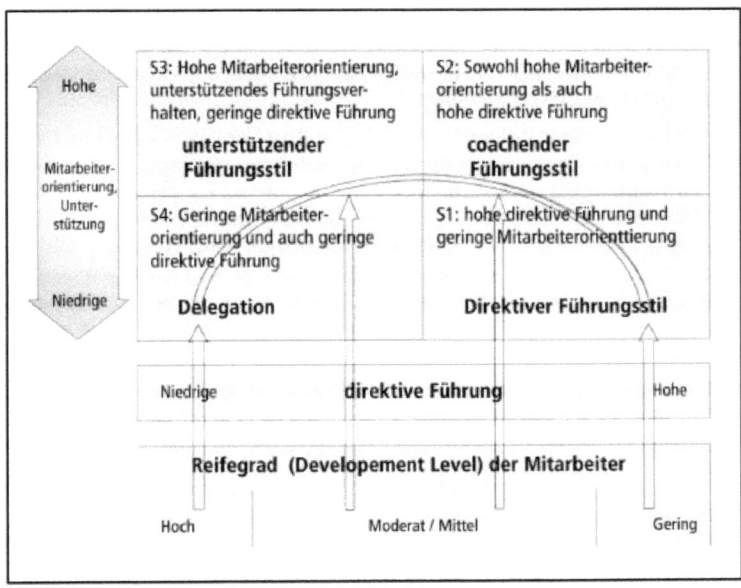

Abbildung 5: Das Führungsmodell von Hersey et. al.
(Quelle: Lieber, Personalführung, S. 57)

Die genannte situative Führungstheorie erscheint durchweg plausibel, ist einfach zu verstehen und findet in vielen Situationen bereits heute in modernen Unternehmen ihre Anwendung.[37]

Hauptvorteil des Modells ist die starke Orientierung am Individuum im Sinne eines fördernden Führungsstils. Das Modell erlaubt eine hohe Leistungsentfaltung des einzelnen Arbeitnehmers und berücksichtigt zusätzlich die speziellen Leistungsmerkmale von älteren Mitarbeitern. Dennoch bedarf es der Betrachtung weiterer Faktoren, wie z.B. der Informations- und Kommunikationsebene, die im Folgenden erläutert werden, um einer erfolgversprechenden Führung von älteren Mitarbeitern möglichst gerecht zu werden.

---

[37] Ebenda S. 57

4.1.1. Information und Kommunikation

„Führen und Motivieren erfolgt in hohem Maße durch Kommunikation."[38] Empirische Beobachtungen haben ergeben, dass Führungskräfte durchschnittlich über 50% der täglichen Arbeitszeit in Interaktionen verwickelt sind.

Dennoch gilt der Kommunikationsmangel innerhalb des Unternehmens als ein häufig anzutreffendes Problem, was sich vor allem bei älteren Mitarbeitern negativ auswirken kann, da sich jüngere Mitarbeiter in der Regel mit bestimmten Erläuterungen schneller zufrieden geben und auch bei geringerem Ausmaß an Informationsgehalt in der Lage sind zu handeln.[39]

Daher erscheint es speziell bei der Führung von älteren Arbeitnehmern als wichtig, regelmäßig das Mitarbeitergespräch zu suchen, um so eine Bindung aufzubauen, die dem Arbeitnehmer zusätzlich Sicherheit bietet. Gleichzeitig erfährt der ältere Mitarbeiter dadurch Anerkennung, indem er seinem Vorgesetzten eigene Ansichten und Vorschläge in einem regelmäßigen Turnus mitteilen kann.

Eine weitere Spannungsquelle der Kommunikation ist die Tatsache, dass eine Nachricht innerhalb der Interaktion vom Empfänger anders interpretiert werden kann, als vom Sender beabsichtigt. Im äußersten Fall kann es auch soweit gehen, dass der Empfänger die Nachricht überhaupt nicht dekodieren kann, sodass der Inhalt nicht verstanden wird.

Um derartige Missverständnisse zu vermeiden, ist es als wichtige Führungsaufgabe anzusehen, offen mit den Mitarbeitern zu kommunizieren und Informationen rechtzeitig bekanntzugeben. Sollten sich Verständnisschwierigkeiten aufzeigen, so ist die Führungskraft angehalten, diese umgehend auszuräumen.

Gerade ältere Mitarbeiter benötigen häufig etwas mehr Zeit, um sich auf neue Situationen einstellen zu können. Lückenhafte Informationen, die dann auch noch verzögert beim Mitarbeiter eintreffen, können demotivierend auf den Arbeitnehmer wirken, sodass es zu Verhaltenswiderständen kommen kann.

---

[38] Ebenda S. 79

[39] Vgl. Domres, Führung älterer Mitarbeiter, (2006), S.50

4.1.2. Kooperation

Humanressourcen stellen für ein Unternehmen langfristig eine der größten Investitionen dar. Aufgrund dessen besteht aus betriebswirtschaftlicher Sicht die Notwendigkeit das Potential der Mitarbeitergesamtheit vollständig auszuschöpfen. Gerade durch den demographischen Wandel ist in vielen Unternehmen die Altersstruktur bereits in der Gegenwart erschreckend hoch, liegt doch das Durchschnittsalter bei ca. 44 Jahren.[40] Dies bedeutet unter anderem, dass in den nächsten Jahren ein Großteil der Führungspositionen aufgrund der bevorstehenden Pensionierungen durch jüngere Mitarbeiter besetzt werden müssen.

Wichtig erscheint hier, dass Unternehmen die Nachfolgeregelung, primär bei Führungskräften, jedoch auch in Bereichen in denen ein Wissensverlustrisiko besteht, nicht vernachlässigen. Neben einer gewissenhaften Planung ist eine erfolgreiche Kollaboration zwischen älteren Mitarbeitern und deren jüngeren Kollegen eine wichtige Prämisse, um die Vorteile beider Altersgenerationen auszunutzen. Frische Impulse, moderne Denkweisen, Belastbarkeit und eine hohes Maß an Motivation findet man häufiger bei jüngeren Mitarbeitern, während sich tendenziell ältere Mitarbeiter durch ihren Erfahrungsschatz auszeichnen.

Um die Arbeitsfähigkeit älterer Mitarbeiter zu erhöhen, empfiehlt sich die Anwendung eines kooperativen Führungsmodells. Wenden jüngere Vorgesetze einen autoritären Führungsstil an, so führt dies bei älteren Arbeitnehmern oftmals allein aufgrund des Altersunterschiedes zu einem ablehnenden Verhalten.[41]

Des Weiteren erscheint ein autoritärer Führungsstil problematisch, wenn sich der ältere Mitarbeiter auf dem gleichen oder auf sogar einem höheren Wissensstand befindet.

Das kooperative Führungsmodell ermöglicht beiden Altersgruppen ihr Fach- und Erfahrungswissen optimal einzubringen. Zudem erhalten ältere Mitarbeiter dadurch mehr Freiraum, was durchweg motivierend wirken kann.

---

[40] Beispiel anhand der DB AG (Quelle: Wachendorf, HFWU Script SS08, Personalwesen 1)

[41] Vgl. Domres, Führung älterer Mitarbeiter, (2006), S.47

4.1.3. Motivation

Immer wieder erreichen uns Meldungen über bahnbrechende Neuentwicklungen und über die neuesten Erkenntnisse der Forschung. Wer aber sind diese Menschen, die solche Leistungen vollbringen? Es sind Menschen, die alle eines gemeinsam haben: Das Motiv, ein bestimmtes Ziel zu erreichen. Ohne Motivation und das Verlangen nach Selbstbestätigung, Anerkennung und Wertschätzung, würde es bei weitem nicht eine solch immense Weiterentwicklung geben, wie sie die Menschheit erfahren hat. Um dem gegenwärtigen Innovationsverlangen der Kunden gerecht werden zu können, ist eine motivierte Belegschaft als Quintessenz anzusehen.

Während jüngere Mitarbeiter im Regelfall eine hohe intrinsische Motivation ohne externes Einwirken besitzen, empfiehlt sich bei älteren Arbeitnehmern die Stimulierung der extrinsischen Motivation in jedem Fall. Ein Blick auf die Bedürfnispyramide nach Maslow (Abb. 6) untermauert diese Aussage. Während sich jüngere Mitarbeiter in aller Regel auf den unteren Stufen 1-3 in Maslow's Bedürfnispyramide befinden, so streben ältere Mitarbeiter, die sich oft auf den Stufen 3-5 wiederfinden vor allem nach Anerkennung, Wertschätzung und nicht selten nach Selbstverwirklichung.

Vor diesem Hintergrund ist eine Führung notwendig, die den älteren Arbeitnehmer motiviert. Diese Aufgabe setzt entsprechendes Wissen der grundlegenden Motivationstheorien voraus.[42] Während sich die intrinsische Motivation von außen nur durch die Arbeitsaufgabe selbst verändern lässt (z.B. durch Job-Rotation um eine zu starke Routine zu vermeiden), hat die Führungskraft einen hohen Einfluss auf die extrinsische Motivation. Die extrinsische Motivation besteht aus Anreizfaktoren, die von außerhalb zugeführt werden, wie z.B. Prämien, Provision, Sonderurlaub, etc.

---

[42] Vgl. Domres, Führung älterer Mitarbeiter, (2006), S.53

Abbildung 6: Bedürfnispyramide nach Maslow
(eigene Darstellung)

Derartige Anreizfaktoren setzen Zielvereinbarungen voraus. Die Führungskraft muss darauf achten, dass Zielsetzungen realistisch eingeschätzt werden, damit sie für den Arbeitnehmer auch erreichbar sind. Andernfalls ist die Gefahr hoch, einen „Bumerang-Effekt" zu provozieren, der sich sehr negativ auf die Mitarbeitermotivation niederschlagen kann.

Nach einer Befragung von Führungskräften zeigte sich, dass ein operativer Führungsstil, der dem Arbeitnehmer auch einen Gestaltungs- und Entscheidungsfreiraum gewährt, erhebliche Motivationseffekte auslösen kann.[43]

Des Weiteren sorgt eine hohe Informations- und Kommunikationsdichte (siehe Kapitel 4.1.1) für hohe Motivation der Mitarbeiter.[44]

Abschließend bleibt anzumerken, dass sich auch die Arbeitszufriedenheit (siehe Kapitel 3.3) erheblich in der Motivation eines Mitarbeiters wiederspiegelt.

---

[43] Ebenda, S. 54

[44] Ebenda

4.1.4. Individuelle-/situative Führung

Bereits in Kapitel 4.1. wurde das situative Führungsmodell nach Hersey et.al. vorgestellt und damit veranschaulicht, dass moderne Führungstheorien für eine Individualisierung hinsichtlich der Führung sprechen.

Grundsätzlich bietet sich eine individuelle Führung zwar für das gesamte Altersspektrum der Arbeitnehmer an, jedoch ist davon auszugehen, dass ältere Mitarbeiter durch ihre langjährige Entwicklungsperiode stärker ausgeprägten Variationen hinsichtlich der Entwicklung ihres Reifegrades unterliegen, als es bei jüngeren Arbeitnehmern der Fall ist. Aus diesem Grund gelten situativ begründete Individualführungsansätze gerade bei älteren Mitarbeitern als äußerst sinnvoll.

Eine weiteres „Pro" für eine individuelle Führung stellt die Tatsache dar, dass es sich bei sämtlichen Arbeitnehmern um Individuen handelt, bei denen Selbstführungsspielräume im positiven Fall leistungsfördernd, im negativen Fall aktivitätshemmend wirken können.[45]

Lediglich ein individueller Führungsansatz, welcher situativ zum Einsatz kommt, kann den genannten Anforderungen gerecht werden.

4.2. Gestaltung und Organisation des Arbeitsumfeldes

Die heutzutage existenten Arbeitsumgebungen der meisten Unternehmen sind nicht auf die Charakteristika von älteren Arbeitnehmern abgestimmt.[46]

Des Weiteren werden ältere Mitarbeiter hinsichtlich der Weiterbildung oft vernachlässigt, was gerade bei dem gegenwärtig, rasant fortschreitendem technologischen Wandel sehr bedenklich ist.

Gerade für alternde Arbeitnehmer nimmt die Bedeutung einer adäquaten Arbeitsumgebung bezüglich der Arbeitsgestaltung und Organisation stetig zu, sodass entsprechenden Trainings- und Weiterbildungsmaßnahmen ein hoher Stellenwert zugeordnet werden muss.[47]

In der Praxis stellt man häufig fest, dass den älteren Mitarbeitern der Umgang mit neuen Technologien, wie z.B. modernen EDV Anwendungen, schwer fällt.

---

[45] Vgl. Domres, Führung älterer Mitarbeiter, (2006), S.58

[46] Vgl. Voelpel et. al., Herausforderung 50 plus, (2007), S.206

[47] Vgl. Ebenda

Dies ist auf die Tatsache zurückzuführen, dass ältere Arbeitnehmer mit diesen Systemen nicht aufgewachsen sind. Da sich der Lernprozess des Menschen im Alter stark verändert, ist es zu empfehlen, bei der Weiterbildung von älteren Arbeitnehmern eine altersgerechte Didaktik anzuwenden. Wissenschaftliche Feldstudien der britischen Supermarktkette Tesco haben ergeben, dass ältere Mitarbeiter nach anfänglicher Skepsis durchaus in der Lage sind, sich nach kurzer Zeit an neue Technologien anzupassen. Hinsichtlich der Motivation zur Teilnahme an einer Weiterbildungsmaßnahme empfiehlt es sich jedoch, die Angebote speziell an ältere Mitarbeiter auszurichten, sodass es durchaus sinnvoll sein kann, für bestimmte Schulungen ausschließlich ältere Mitarbeiter zuzulassen.

Bezüglich der sich im Alter veränderten körperlichen Leistungsfähigkeit des Mitarbeiters, sind auch arbeitsgestalterische Maßnahmen anzuraten. Sinnvoll erscheinen hier Job-Rotation Ansätze, um autonom wiederkehrende Belastungen zu minimieren. Aufgrund der Tatsache, dass ältere Mitarbeiter oftmals auch Schwierigkeiten haben, ihren Biorhythmus anzupassen, sollte dies auch bei der Schichtplanung beachten werden. Auch die Möglichkeit zur Reduktion der Arbeitszeit kann sich positiv auf die Ergonomie älterer Arbeitnehmer auswirken.

Ein riesiges Potential für ältere Mitarbeiter bietet die Technologie im Sinne eines positiven „Gleichmachers".[48] So ermöglicht es der richtige Umgang mit der modernen Technik Menschen jedes Alters und teilweise auch mit Behinderung annähernd gleiche Leistungen zu vollbringen. Technische Hilfsmittel, wie z.B. der Computer, sind im heutigen Berufsleben nicht mehr wegzudenken. Die Möglichkeit zur individuellen Anpassung sämtlicher Hardware, Software und Benutzerschnittstellen bietet dem Mitarbeiter einen altersunabhängigen Entfaltungsfreiraum.[49]

---

[48] Vgl. Voelpel et. al., Herausforderung 50 plus, (2007), S.221
[49] Vgl. Ebenda

4.3. Wissensmanagementstrategien

Der in Kapitel 2.2 angesprochene Generationenwechsel, welcher in den nächsten Jahren bevorsteht, birgt ein hohes Risiko an immensem Know-How Verlust. Verblüffend erscheint die nüchterne Realität in der Praxis.- Viele Unternehmen vernachlässigen diese potentielle Problematik durch fahrlässige Ignoranz.

Dabei erscheint es banal, dass ältere Mitarbeiter ein hohes Fachwissen, Kompetenzen und Problemlösungsexpertise besitzen, die in den seltensten Fällen mit anderen Kollegen geteilt werden und oftmals nicht ausreichend dokumentiert sind. Somit geht nicht reproduzierbares Wissen oftmals verloren, sobald ein Mitarbeiter altersbedingt aus dem Unternehmen ausscheidet.

Elementar und unbedingt notwendig ist für Unternehmen, sich rechtzeitig Gedanken zu machen, mit welchen Strategien und praktischen Maßnahmen ein Wissenstransfer über Arbeitnehmergenerationen bewahrt werden kann, um damit keine Wettbewerbsvorteile, aufgrund eines Verlustes von Wissensträgern, zu verspielen.[50]

Zur Lösung dieses Problems bieten renommierte Softwareanbieter, wie z.B. IBM, sogenannte Wissenstransferdatenbanken an. Neben den hohen Projektkosten eines solchen Systems müssen Datenbanken stetig erweitert und aktualisiert werden, was eine kooperative Kollaboration der Belegschaft voraussetzt. In der Praxis zeigt sich jedoch, dass solche durchweg sinnvolle Datenbanken nicht freiwillig in einem befriedigenden Ausmaß genutzt werden, ohne dass die Mitarbeiter z.B. durch Incentives dazu bewogen werden.

Eine weitere Möglichkeit ist es, ältere Arbeitnehmer, die als Wissensträger in einem Unternehmen fungieren, für interne Aus- und Weiterbildungszwecke einzusetzen. Zusätzlich empfiehlt sich für alle Unternehmen eine offene Nachfolgepolitik mit entsprechenden Mentoringprogrammen, in denen der Wissenstransfer über einen längeren Zeitraum an den potentiellen Nachfolger übertragen wird.

---

[50] Vgl. Voelpel et. al., Herausforderung 50 plus, (2007), S.127

Hat man die genannten Möglichkeiten nicht ausreichend ausgeschöpft, so besteht in vielen Fällen noch die Möglichkeit entsprechende Beraterverträge mit ausscheidenden Mitarbeitern zu vereinbaren, sodass ein Unternehmen notfalls noch mehrere Jahre über elementare Wissensressourcen verfügen kann.

4.4 Ansätze im Gesundheitsmanagement

„Gesundheit ist mehr als eine rein körperliche Angelegenheit".[51]

„Gesundheit" steht als allgemeiner Oberbegriff für die geistig-mentale, körperlich-physische und emotionale Gesundheit. Nur ein positives Zusammenspiel dieser drei Faktoren ermöglicht eine nachhaltig hohe Leistungsentfaltung seitens der Belegschaft. Studien belegen, dass vor allem Sport das Gemüt des Individuums positiv stimuliert und neben der körperlichen Leistungsfähigkeit auch vor allem die mentale Leistungsfähigkeit steigert. Nicht von ungefähr erscheint dazu die Tatsache, dass Top-Unternehmen wie Google, Microsoft, etc. bereits Gesundheitszentren zum festen Bestandteil der Unternehmensorganisation zählen.

Gerade in einem Zeitalter, indem die rein körperliche Arbeit in der Wertschöpfungskette der westlichen Unternehmen eine immer geringer werdende Rolle spielt, sind derartig innovative Konzepte gefragt.

Dass Fitness keine Frage des Alters sein muss, zeigen diverse Studien mit dem Ergebnis, dass die körperliche Leistungsfähigkeit zwischen 45 und 60 Jahren sogar relativ gleich bleibt, sofern man sich regelmäßig sportlich betätigt. Analog dazu bedeutet dies auch, dass ein 45 jähriger Arbeitnehmer einem 65-Jährigen physisch weit unterlegen sein kann, sofern er sich in einem untrainierten Zustand befindet.[52]

Neben den sportlichen Aktivitäten kann die mentale Gesundheit auch gezielt durch Personalentwicklungsprogramme wie z.B. Supervision, Coaching, etc. verbessert werden. Die physische Gesundheit ältere Mitarbeiter kann hingegen durch präventive Gesundheitsförderungsprogramme wie z.B. Anti-Stress-Seminare, Leistungs-Belastungsmanagement, Entspannungstechniken, etc. gefördert werden. Durch die gegenwärtig weit verbreitete „Managerkrankheit", dem sog. Burn-Out Syndrom, darf die physische Gesundheit unter keinen Umständen vernachlässigt werden.

---

[51] Ebenda, S. 169

[52] Vgl. Voelpel et. al., Herausforderung 50 plus, (2007), S.127

Hier empfiehlt sich oftmals die Kooperation mit Krankenkassen, um effiziente Maßnahmen in einem finanzierbaren Rahmen betreiben zu können. Für die Stimulanz der emotionalen Gesundheit von älteren Mitarbeitern spielt hingegen das Führungsverhalten der Vorgesetzten eine entscheidende Rolle.

Selbstverständlich setzt die Gesundheit der Mitarbeiter ein hohes Maß an Eigenverantwortung voraus. Dennoch sollten Unternehmen diesen Stellhebel bereits aus Eigeninteresse nicht vernachlässigen, wenn man bedenkt, dass das Humankapital einen sehr hohen Stellenwert einnimmt. Ein gesundheitsbewusstes Ernährungsangebot in der eigenen Kantine kann hier bereits ein Meilenstein für den ersten Schritt in die richtige Richtung sein.

5. Schlussfolgerung

Die Prägnanz des Themas „Führen von älteren Mitarbeitern" wird in der nahen Zukunft stetig zunehmen. Dem bevorstehenden Fachkräftemangel wird man in der Industrie durch verschiedene Maßnahmen versuchen entgegenzuwirken. Zum Einen tendiert das Renteneintrittsalter deutlich nach oben, sodass die Unternehmen gezwungen sein werden, auch ältere Mitarbeiter langfristig zu binden und entsprechend zu fördern.

Jedoch wird auch der Fachkräfteimport aus dem Ausland ein zentrales Thema werden, sodass die Regierung ggf. schon in naher Zukunft gezwungen ist, die Jahreseinkommensgrenze von derzeit ca. EUR 80.000,00, die für eine langfristige Arbeitserlaubnis in Deutschland nötig ist, zu senken, um die Nachfrage auf dem Arbeitsmarkt zumindest ansatzweise decken zu können.

Der technologische Wandel leistet mit Sicherheit einen hohen Beitrag, um altersgerechten Anforderungen gerecht werden zu können. Bedenkt man die zeitliche Unabhängigkeit, die der E-Commerce Bereich möglich macht, bis hin zur räumlichen Flexibilität durch Telearbeit, so lassen sich sämtliche Prozesse durch die moderne Technik individualisieren.

Allen derzeitigen Führungskräften, die am Defizitmodell des Alterns festhalten und damit eine negative Stereotype verkörpern, ist zu empfehlen, sich mit dem Thema „Führen von älteren Mitarbeitern" tiefgründig auseinanderzusetzen.

Die Abkehr von diesem Defizitmodell, welches heutzutage als antiquiert gilt, ist als erste Prämisse anzusehen, das Potential einer älteren Belegschaft auszuschöpfen.

6. Literaturverzeichnis

Behrendt, H., & Reckert, W. (2004). Führen mit Persönlichkeit. Renningen: expert Verlag.

Domres, A. (2006). Führung älterer Mitarbeiter. Saarbrücken: VDM Verlag Dr. Müller.

Hallsten, L. (1998). Arbeit und psychologische Veränderungen im Alter. Bremerhaven: Verlag für Neue Wissenschaft.

Hersey, P., Blanchard, K. H., & Johnson, D. E. (2001). Management of organizational behavior: Leading human resources. New Jersey, USA: Prentice Hall, Inc.

Lehr, U. (2000). Psychologie des Alterns. Wiebelsheim: Quelle und Meyer.

Lieber, B. (2007). Personalführung. Stuttgart: Lucius & Lucius.

Mankiw, G. N. (2004). Principles of Microeconomics. Ohio, USA: Thomson & South Western.

Pinnow, D. F. (2005). Führen - Worauf es wirklich ankommt. Wiesbaden: Verlag Dr. Th. Gabler.

Richter, M. (1999). Personalführung, 4. Auflage. Stuttgart: Schäffer-Poeschel Verlag.

Rosenstiel, L. (2001). Führung, Lehrbuch der Personalpsychologie. Göttingen: Hogrefe.

Statistisches Bundesamt (November 2006). Bevölkerung Deutschlands bis zum Jahr 2050 - 11. koordinierte Bevölkerungsvorausberechnung. Wiesbaden: Destatis.

Voelpel, S., Leibold, M., & Früchtenicht, J.-D. (2007). Herausforderung 50plus, Konzepte zum Management der Aging Workforce: Die Antwort auf das demographische Dilemma. Erlangen: Publics, Wiley-VCH Verlag.

Weibler, J. (2002). Personalführung. München: Vahlen.

Wolff, H., Spieß, K., & Mohr, H. (2001). Arbeit - Altern - Innovation. Basel: Prognos-AG.

Wunderlich, J. (29. März 2006). Ältere Mitarbeiter als Herausforderung für Führungskräfte. Abgerufen am 17. März 2007 von business-wissen.de: www.business-wissen.de

7. Anhang

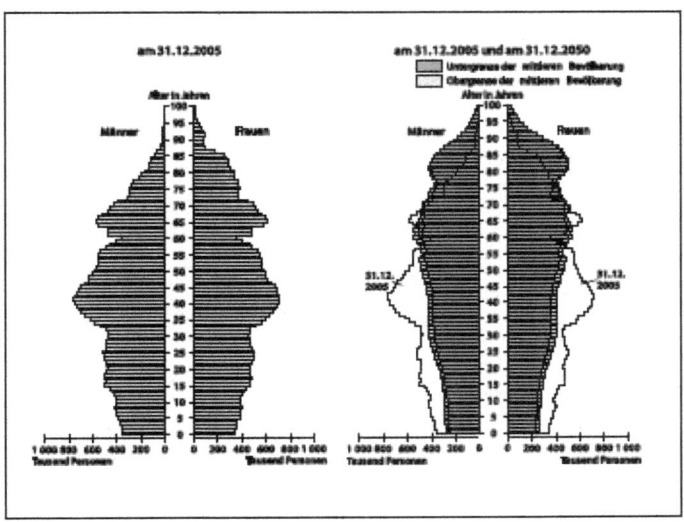

Abbildung a: Altersaufbau Deutschland 2005 und 2050
(Quelle: Statistisches Bundesamt, 2006)

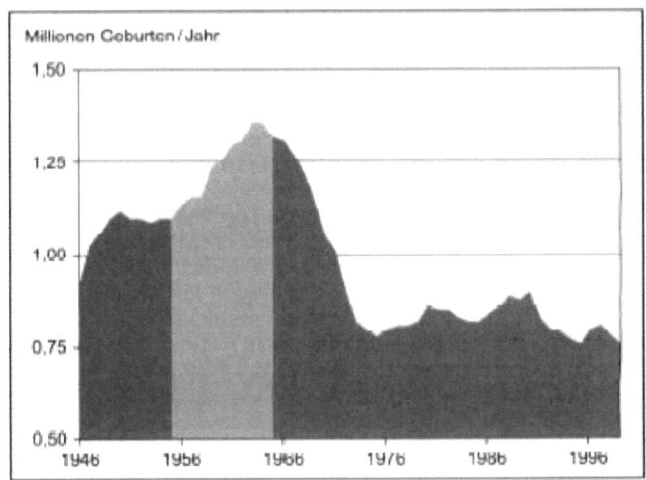

Abbildung b: Die „Baby-Boomer" Generation in Deutschland
(Quelle: Daten des Statistischen Bundesamtes)

Personalentwicklung. Eine lohnende Maßnahme bei älteren Mitarbeitern? Von Sina Dorothea Hankofer

1. Einleitung

1.1 Einleitung und Problemstellung

In Zeiten einer immer höheren Lebenserwartung und einer Reduzierung vorhandener Erwerbsarbeitsplätze nimmt die Zahl älterer Arbeitnehmer auf den internen und externen Arbeitsmärkten zu.[53] Unternehmen müssen sich daher auf eine im Durchschnitt stetig älter werdende Belegschaft einstellen und ihre Personalentwicklung an der besagten Veränderung ausrichten, um sich eine dauerhafte Marktpositionierung zu sichern. Bei der Planung mit einer alternden Belegschaft gilt es, viele Faktoren zu berücksichtigen. So können langjährig Betriebszugehörige zu Betriebsblindheit neigen, ebenso sind die Lerngeschwindigkeit und die Aufnahmebereitschaft differenziert zu bewerten. Als problematisch kann weiterhin die individuelle Lernbereitschaft als solche betrachtet werden, wenn ältere Beschäftigte ihren bisher erlernten Handlungsweg als einzig möglichen Lösungsweg betrachten und keine Wissensaktualisierung mehr zulassen. Seitens der Unternehmen stellt sich außerdem die Frage ob sich, gemessen an der voraussichtlichen Dauer und des Endpunktes des Arbeitsverhältnisses eines Mitarbeiters, Personalentwicklungsmaßnahmen als effizient erweisen oder ob bei einem absehbaren Ausscheiden eines älteren Mitarbeiters aus dem Unternehmen auf weitere Personalentwicklungsmaßnahmen verzichtet werden kann bzw. sollte. Es stellt sich die Frage, welche Folgen eine Durchführung oder Unterlassung von Personalentwicklungsmaßnahmen bei älteren Mitarbeitern hervorrufen. Involviert das Unternehmen ältere Arbeitnehmer abnehmend in Personalentwicklungsmaßnahmen, so können einerseits an dieser Stelle Kosten gespart werden. Jedoch erhöht sich die Gefahr, dass ältere Mitarbeiter durch ausgesetzte Personalentwicklungsmaßnahmen wie beispielsweise betriebliche Fortbildungen prozessbeschleunigende Details nicht kennen oder durch nicht mehr aktuelles Wissen Fehler im Arbeitsablauf begehen, die das Unternehmen letztlich doch wieder Zeit und Geld kosten können. Ohne Personalentwicklungsmaßnahmen und ein gut strukturiertes Bildungscontrolling sind Unternehmen jedoch nur über einen begrenzten Zeitraum konkurrenzfähig, da gut ausgebildete Mitarbeiter unverzichtbar für Unternehmen sind.

---

[53] Vgl. Schemme, Dorothea (Hrsg.): Berichte zur beruflichen Bildung: Qualifizierung, Personal- und Organisationsentwicklung mit älteren Mitarbeiterinnen und Mitarbeitern, Probleme und Lösungsansätze; W. Bertelsmann Verlag GmbH und Co. KG, 2001, S. 5.

Das Potential der Mitarbeiter sowie ihre Ressourcen an Kompetenz, Kreativität und Engagement zählen zu den zentralen Erfolgsfaktoren moderner Unternehmen und die Personalentwicklung ermöglicht die Aktivierung eben jener Ressourcen.[54] Aus diesen Gründen stellt sich die Frage: Lohnen sich Personalentwicklungsmaßnahmen bei älteren Mitarbeitern?

1.2. Zielsetzung

Die Zielsetzung dieser Hausarbeit beinhaltet die Beantwortung der Frage, ob bei älteren, langjährigen Mitarbeitern eines Unternehmens die Durchführung von Personalentwicklungsmaßnahmen für ein Unternehmen sinnvoll ist und welche Auswirkungen die Durchführung oder Unterlassung von Personalentwicklungsmaßnahmen auf diese Mitarbeiter haben kann. Weiter besteht die Zielsetzung darin, die Vor- und Nachteile der Durchführung von Personalentwicklungsmaßnahmen bei älteren Mitarbeitern abzuwägen, Chancen und Risiken der Personalentwicklung älterer Mitarbeiter zu analysieren und ein Resümee aus den im Rahmen der Hausarbeit gewonnenen Erkenntnissen zu ziehen. In Bezug zur vorangestellten Problematik soll ebenfalls die Wichtigkeit des Motivationsaspekts beleuchtet werden, da es sich gezeigt hat, „dass mit der Zufriedenheit der Mitarbeiter auch deren Leistung gesteigert werden kann."[55] Was sich wiederum auf die Unternehmensergebnisse auswirken kann. Motivationsförderung und Mitarbeiterzufriedenheit sind somit wichtige Ziele auf dem Weg zu einem rentablen Unternehmen.[56] Weiter soll im Rahmen dieser Hausarbeit die Situation der Unternehmen der Situation der älteren, langjährig betriebszugehörigen Arbeitnehmer gegenüber gestellt werden. Anhand einer Diskussion verschiedener Gestaltungsmöglichkeiten der Personalentwicklungsmaßnahmen für die älteren Mitarbeiter eines Unternehmens, sowie durch eine darauf folgende Analyse soll festgestellt werden, welche Schwierigkeiten und Chancen sich für die Unternehmen einerseits und für deren Mitarbeiter andererseits zeigen, wenn Personalentwicklungsmaßnahmen stattfinden bzw. ausgesetzt werden.

---

[54] Vgl. Olesch/Paulus: Innovative Personalentwicklung in der Praxis – Mitarbeiter-Kompetenz prozessorientiert aufbauen, C.H. Beck Wirtschafts Verlag, 2000, S. 15.

[55] Wirtschaft heute, Bundeszentrale für politische Bildung, Bibliographisches Institut GmbH 2009, Mannheim 2009/Bonn 2009, S. 64, Aufgaben der Personalwirtschaft, Z. 13 - 15.

[56] Vgl. Wirtschaft heute, Bundeszentrale für politische Bildung, Bibliographisches Institut GmbH 2009, Mannheim 2009/Bonn 2009, S. 64, Aufgaben der Personalwirtschaft.

1.3. Vorgehen

Im Rahmen dieser Hausarbeit werden zunächst die Begriffe „Personalentwicklung" und „ältere Mitarbeiter" definiert. In einem zweiten Schritt soll die Personalsituation der Unternehmen heutzutage betrachtet und ein Zusammenhang mit den Ursachen für diese Situation, beispielsweise dem demographischen Wandel, hergestellt werden. Auf diesem Hintergrund sollen zwei mögliche Personalentwicklungsmaßnahmen vorgestellt und dem Ausschluss von Personalentwicklungsmaßnahmen und dessen Folgen auf die Motivation der älteren Mitarbeiter gegenübergestellt werden. In Kapitel 4 soll eine Analyse des ausgewählten Appreciative Inquiry-Ansatzes und altersgerechter Qualifizierungsmaßnahmen sowie die mit inbegriffene Analyse der Folgen eines Ausschlusses von Personalentwicklungsmaßnahmen die Vor- und Nachteile der einzelnen Vorgehensweisen herausstellen, erkennbare Chancen sowie potentielle Risiken werden aufgezeigt und bewertet. In einem umfassenden Fazit werden die relevanten Möglichkeiten sowie deren positive und negative Folgen zusammengefasst, welche die Grundlage für mögliche Kritik und eine Handlungsempfehlung bilden.

2. Begriffsdefinitionen

2.1. Definition des Begriffs "Personalentwicklung"

Unter Personalentwicklung werden sämtliche Maßnahmen verstanden, die die Qualifikation der Mitarbeiter eines Unternehmens verbessern. Hierzu gehören ständige berufliche Weiterbildung und die Vermittlung von Schlüsselqualifikationen wie Teamfähigkeit, Kreativität und insbesondere Fachkompetenzen.[57] Auch der zeitgemäße technische und organisatorische Wandel verlangt von den Mitarbeitern einen anhaltenden Lernprozess, die Unternehmen sind daher gefordert, ihre Mitarbeiter zu unterstützen. Die Unterstützung der Mitarbeiter in ihrer professionellen und persönlichen Entwicklung ermöglicht außerdem die langfristige Bindung der Mitarbeiter an das Unternehmen.[58] Weiter verfolgen Unternehmen das Ziel, möglichst rentabel zu arbeiten, um konkurrenzfähig zu bleiben und den Mitarbeitern wettbewerbsfähige Löhne und Gehälter zahlen zu können. Um dieses Gewinnziel erreichen zu können, müssen die Unternehmen mit den dem Unternehmenszweck entsprechenden Mitarbeitern ausgestattet sein. Folglich ist eine vorausschauende Fortbildung der Mitarbeiter, also die Personalentwicklung innerhalb eines modernen Unternehmens, wichtig.[59]

Personalentwicklungsmaßnahmen tragen also einerseits dazu bei, dass die Mitarbeiter über aktuellstes Wissen verfügen, mit welchem sie effektiver arbeiten können. Dieses effektivere Arbeiten ist wiederum für die Unternehmen von Relevanz.

---

[57] Vgl. Das Lexikon der Wirtschaft, Grundlegendes Wissen von A bis Z, Bundeszentrale für politische Bildung, Bibliographisches Institut 2013, Bonn 2013, S. 338

[58] Vgl. Gabler Wirtschaftslexikon, digitale Fachbibliothek, Prof. Dr. Thomas Bartscher: Personalentwicklung, http://wirtschaftslexikon.gabler.de/Definition/personalentwicklung-1.html

[59] Vgl. Wirtschaft heute, Bundeszentrale für politische Bildung, Bibliographisches Institut GmbH 2009, Mannheim 2009/Bonn 2009, S. 64, Aufgaben der Personalwirtschaft

„Personalentwicklung spiegelt die Interessen des Unternehmens wider, d.h. unternehmensseitig wird die Entwicklung von Kompetenzen gefördert, die es dem Mitarbeiter erlauben, aktuelle und zukünftige Aufgaben im Unternehmen, für die der Mitarbeiter als geeignet angesehen wird, optimal auszuführen."[60] Personalentwicklung ist zweierlei: Sie fördert die Mitarbeiter und verbessert die Wettbewerbsposition des Unternehmens.

2.2. Definition des Begriffs "ältere Mitarbeiter"

Im Rahmen dieser Hausarbeit soll der Fokus speziell auf die *älteren Mitarbeiter* in Unternehmen gerichtet sein, welche weiter als langjährig betriebszugehörig gelten (sollen) und somit aufgrund ihrer bisher geleisteten Arbeitsjahre über umfangreiche Erfahrungen bspw. Arbeitsmethoden betreffend verfügen. „Das Alter ist [...] ein wichtiger Orientierungspunkt in der eigenen Biographie und im Verhältnis zu anderen. Altersbezogene Vorstellungen und Zuschreibungen wandeln sich [...] im Verlauf des Lebens."[61] Aufgrund der erlebten Erfahrungen gibt es ältere Mitarbeiter, die überzeugt sind, dass sie bereits über alles notwendige Wissen verfügen und ihre Wege und Methoden die einzig richtigen darstellen, aus dieser Einstellung heraus verschließen sie sich der Weiterentwicklung. Dem gegenüber stehen ältere Mitarbeiter, die dem lebenslangen Lernen zugewandt sind und die Chance auf Weiterbildung nutzen wollen. Diese beiden Typen älterer Mitarbeiter in Unternehmen spiegeln differenzierte Meinungen und daraus resultierend von einander abweichendes Verhalten wider. Eine klare Altersgrenze soll in dieser Hausarbeit nicht festgelegt werden. Als Vorstellungsrahmen soll gelten: Ältere, langjährige Mitarbeiter seien all jene, die dem Betrieb bereits über 40 Jahre angehören.

---

[60] Lohaus, Daniela/Habermann, Wolfgang: Weiterbildung im Mittelstand, Personalentwicklung und Bildungscontrolling in kleinen und mittleren Unternehmen, Oldenbourg Wissenschaftsverlag GmbH 2011, S. 55 Z. 20 ff.

[61] Angelika Puhlmann: Weiterbildung Älterer - Ein Faktor gesellschaftlicher und betrieblicher Entwicklung, S. 10 Z. 5 ff. in: Schemme, Dorothea (Hrsg.): Berichte zur beruflichen Bildung: Qualifizierung, Personal- und Organisationsentwicklung mit älteren Mitarbeiterinnen und Mitarbeitern, Probleme und Lösungsansätze; W. Bertelsmann Verlag GmbH und Co. KG, 2001.

2.3. Situation der Unternehmen

Unternehmen erwarten von ihren Mitarbeitern die Bereitschaft zur Weiterbildung und die Aktualisierung von Wissen.

Da Weiterbildungsmaßnahmen für Unternehmen insbesondere auch einen Kostenfaktor darstellen, stellt sich für die Unternehmen die Frage, wie viele und welche Mitarbeiter für eine Fortbildung freigestellt werden können.

Die Unternehmen erwarten von diesen Mitarbeitern beispielsweise, die anderen Mitarbeiter der gleichen Abteilung, die nicht an der Fortbildung teilgenommen haben, im Anschluss an die Fortbildung ebenfalls über die Neuerungen zu informieren. Im Rahmen des Auswahlverfahrens, welche Mitarbeiter zu einer Fortbildung entsandt werden können, stellt sich immer auch die Frage nach der Motivation der Mitarbeiter und dem Nutzen für das Unternehmen. Ist der Mitarbeiter motiviert und leistungsfähig genug, um dementsprechend viele Informationen aufzunehmen und zu behalten, um diese zu einem späteren Zeitpunkt an seine Kollegen weitergeben zu können? Wie viel Zeit benötigt die entsprechende Maßnahme, was kostet sie und wie viel kostet ein über diese Zeit im Betrieb fehlender Mitarbeiter? (Vgl. Abb. 1) „Bedingt durch die notwendigen Anpassungsprozesse aufgrund technischer, sozialer und wirtschaftlicher Änderungen ist die Bedeutung des planmäßigen Ausbaus der Personalstruktur erheblich gewachsen."[62] „Knapp die Hälfte aller deutschen Betriebe werden nach aktuellen Untersuchungen künftig Probleme haben, geeignete Mitarbeiter zu finden."[63] Die Unternehmen sind dadurch in der Aufgabe, sich mit dem Altern der Mitarbeiter auseinanderzusetzen und einerseits kompetente Mitarbeiter auszuwählen und diesen Personalentwicklungsmöglichkeiten zu bieten.

---

[62] Jonas, Renate: Erfolg durch praxisnahe Personalarbeit, Grundlagen und Anwendungen für Mitarbeiter im Personalwesen, 2. aktualisierte Auflage, Expert Verlag, Renningen 2009, S. 14, Z. 29 ff.

[63] Bundesagentur für Arbeit, Da geht noch was – Geschichten von erfolgreichen Spätstartern, Nürnberg, Dezember 2013, S. 40.

	Direkte Kosten	Arbeitszeit	Gewinn
Weiterbildung ist notwendig	Spielen keine Rolle	Wird zur Verfügung gestellt	Ist kalkuliert
Weiterbildung ist sinnvoll	Müssen im Verhältnis zum erwarteten Gewinn stehen	Ob Arbeitszeit zur Verfügung gestellt wird hängt von Relation Kosten zu erwartetem Gewinn ab	Neugewinnerwartung
Weiterbildung ist überflüssig	Werden nicht akzeptiert	Wird nicht zur Verfügung gestellt	Wird nicht erwartet

Abb. 1: Sicht des Unternehmens[64]

Ebenso muss diese Auswahl jedoch mit den üblichen Unternehmenszielen wie Gewinnmaximierung bzw. dem Niedrighalten von Ausgaben konform gehen. Hinzu kommt, dass die Unternehmen versuchen müssen, ihre Mitarbeiter langfristig zu binden, um nicht in ungeplanten, unregelmäßigen zeitlichen Abständen immer unverhältnismäßig viele neue Mitarbeiter anlernen zu müssen. Um die Mitarbeiter langfristig zu binden, müssen Unternehmen die Motivation ihrer Mitarbeiter stetig stützen.

Denn „obgleich für Personalentwicklungsmaßnahmen […] die Ziele der Unternehmensleitung maßgeblich sind, sollte sichergestellt werden, dass sich diese auch im Einklang mit den Interessen des Mitarbeiters befinden, da dieser sonst keinen optimalen Nutzen aus den Personalentwicklungsmaßnahmen ziehen wird."[65] Zieht jedoch der Mitarbeiter keinen Nutzen aus der Personalentwicklungsmaßnahme, wird folglich auch das Unternehmen wenig Nutzen aus der durchgeführten Personalentwicklungsmaßnahme ziehen können, da das Erlernte seitens des Mitarbeiters nicht umgesetzt werden kann bzw. wird. Gelingt es nun den Unternehmen, ihre Mitarbeiter durch gezielte Personalentwicklungsmaßnahmen, durch Maßnahmen, die die Motivation steigern und weitere, langfristig zu binden, so müssen sich die Unternehmen auch mit den Eigenschaften und beruflichen Zielen speziell ihrer älteren und langjährig betriebszugehörigen Mitarbeiter planmäßig auseinandersetzen.

---

[64] Lohaus, Daniela/Habermann, Wolfgang: Weiterbildung im Mittelstand, Personalentwicklung und Bildungscontrolling in kleinen und mittleren Unternehmen, Oldenbourg Wissenschaftsverlag GmbH 2011, S. 10, Tab. 3.1: Sicht des Unternehmens.

[65] Lohaus, Daniela/Habermann, Wolfgang: Weiterbildung im Mittelstand, Personalentwicklung und Bildungscontrolling in kleinen und mittleren Unternehmen, Oldenbourg Wissenschaftsverlag GmbH 2011, S. 55/56, Z. 26 ff.

Es stellt sich für die Unternehmen die Frage, ob die anstehenden wirtschaftlichen und betrieblichen Erneuerungsprozesse mit älteren Mitarbeitern bewältigt werden können, da die Hinwendung zur beruflichen Weiterbildung Älterer vor dem Hintergrund des demografischen Wandels, also der immer älter werdenden Bevölkerung und somit auch der Arbeitnehmer insgesamt, auch mit der Frage nach der Innovationsfähigkeit von Betrieben angesichts alternder Belegschaften verbunden ist.[66] Weiter müssen Unternehmen die Qualifikationen sowie die Lern- und Leistungsfähigkeit älterer Mitarbeiter vor einer entsprechend durchzuführenden Personalentwicklungsmaßnahme einschätzen, somit können aus Sicht eines Unternehmens durchaus Gründe gegen Personalentwicklungsmaßnahmen älterer Mitarbeiter sprechen. Ob diese Gründe dabei auf Erfahrungen oder Vorurteilen aufbauen, ist zunächst sekundär, da Erfahrungen und Erwartungshaltungen auch positiv sein können, wenn beispielsweise älteren, langjährig betriebszugehörigen Mitarbeitern Zuverlässigkeit, Disziplin und berufliche Erfahrung zugesprochen werden. Seitens der Unternehmen muss daher der „Förderung von Lernbereitschaft und Initiative bei älteren Beschäftigten selbst z.B. durch eine anwendungs- und adressatengerechte Didaktik und das Aufzeigen von Perspektiven für die Einzelnen"[67] besondere Aufmerksamkeit gelten, um den speziellen möglichen Problemen älterer Mitarbeiter gerecht zu werden. Unternehmen sind somit in der Situation, ihre Handlungen und Entscheidungen detailliert durchdenken zu müssen, um letztlich eine positive Weiterentwicklung sowohl für den älteren Mitarbeiter als auch für das Unternehmen selbst zu gewährleisten.

---

[66] Vgl. Puhlmann, Angelika: Weiterbildung Älterer - Ein Faktor gesellschaftlicher und betrieblicher Entwicklung, S. 21 Z. 3 ff. in: Schemme, Dorothea (Hrsg.): Berichte zur beruflichen Bildung: Qualifizierung, Personal- und Organisationsentwicklung mit älteren Mitarbeiterinnen und Mitarbeitern, Probleme und Lösungsansätze; W. Bertelsmann Verlag GmbH und Co. KG, 2001.

[67] Schemme, Dorothea (Hrsg.): Berichte zur beruflichen Bildung: Qualifizierung, Personal- und Organisationsentwicklung mit älteren Mitarbeiterinnen und Mitarbeitern, Probleme und Lösungsansätze; W. Bertelsmann Verlag GmbH und Co. KG, 2001, S. 7 Z. 7 ff.

„Wenn positive und negative Erwartungen an und Erfahrungen mit Älteren reflektiert werden, bildet dies [...] Anlass, neue Wege in der betrieblichen Weiterbildung und in der Organisationsentwicklung zu beschreiben, die die Bedürfnisse, Schwächen und Stärken Älterer nicht nur berücksichtigen, sondern zugleich als Humanressourcen erschließen."[68]

2.4. Situation der älteren Mitarbeiter

Ältere Menschen, insbesondere langjährige Betriebszugehörige, vermögen keinen Sinn in Weiterbildung zu sehen, schließlich sind die bislang erlernten und angewandten Methoden wirksam und seit Jahren bekannt. Wozu also neues Wissen? Diese Frage ist rhetorischer Natur und ein Vorbehalt, welcher wiederum auf die fehlende Bereitschaft älterer Mitarbeiter zur Weiterbildung hinweist. Ohne Bereitschaft zur Weiterentwicklung ist jedoch jede Personalentwicklungsmaßnahme zum Scheitern verurteilt.[69] Ältere Mitarbeiter, die wiederum gewillt sind, sich fortzubilden, haben dahingegen mit Vorurteilen gegenüber ihrer Leistungsfähigkeit zu kämpfen. Es kann sich bei ihnen um fähige Mitarbeiter mit einer hohen sozialen Kompetenz handeln, die langjährig verantwortungsvoll ihre Arbeit ausgeführt haben und daher über einen weitreichenden Erfahrungsschatz verfügen. Ebenso zeugt eine langjährige Betriebszugehörigkeit, ob der Mitarbeiter nun gegenüber Weiterbildungsmaßnahmen offen oder verschlossen ist, von verlässlicher Disziplin. Ältere Mitarbeiter, die nun also langjährig dem Unternehmen angehören, ihre Arbeit immer den Anforderungen entsprechend gut ausgeführt haben, empfinden ihre Ausführung der Arbeitsaufgaben als zutreffend richtig. An dieser Stelle wird jedoch verkannt, dass es sich bei Personalentwicklungsmaßnahmen im Rahmen der Fort- und Weiterbildung der Mitarbeiter lediglich um eine Aktualisierung des vorhandenen Wissens und um Vereinfachungen bisheriger Arbeitsabläufe handeln soll, nicht jedoch um Kritik an der bisherigen Arbeitsweise der älteren Mitarbeiter oder gar um Kritik die individuelle Person betreffend.

---

[68] Wuppertaler Kreis (Hrsg.): Ältere Mitarbeiter im Betrieb – Ein Leitfaden für mittelständische Unternehmen, Köln 1997.

[69] Vgl. Christ, Max und Röhrig, Rolf: Ältere in Unternehmen und Weiterbildung S. 47 in: Schemme, Dorothea (Hrsg.): Berichte zur beruflichen Bildung: Qualifizierung, Personal- und Organisationsentwicklung mit älteren Mitarbeiterinnen und Mitarbeitern, Probleme und Lösungsansätze; W. Bertelsmann Verlag GmbH und Co. KG, 2001.

Dies kann seitens der älteren Mitarbeiter jedoch fehlinterpretiert werden. Diese Mitarbeiter fühlen sich durch anstehende Weiterbildungsmaßnahmen nicht nur gekränkt, sondern auch unter Druck gesetzt, den neuen Ansprüchen gerecht zu werden, was sich wiederum negativ auf die Motivation auswirken kann. Motivierte ältere Mitarbeiter, die jedoch offen für Fort- und Weiterbildungsmaßnahmen sind, sehen sich in der beruflichen Weiterbildung in einer Situation, „die Älteren zu wenig Beachtung schenkt und ihnen selbst Probleme bereitet. Altersunabhängige Konzepte sind meist auf Jüngere zentriert, Ältere finden sich oft vereinzelt unter Jüngeren, ihre spezifischen Arten des Lernens, der Qualifikationen, Erfahrungen und beruflichen Zukunftsvorstellungen werden nicht beachtet[...]. All diese Faktoren wirken, wenngleich dies nicht intendiert ist, entmutigend und langfristig demotivierend, und sie können [...] als Form der Diskriminierung Älterer bezeichnet werden."[70]

---

[70] Puhlmann, Angelika: Weiterbildung Älterer - Ein Faktor gesellschaftlicher und betrieblicher Entwicklung, S. 20 Z. 13ff. in: Schemme, Dorothea (Hrsg.): Berichte zur beruflichen Bildung: Qualifizierung, Personal- und Organisationsentwicklung mit älteren Mitarbeiterinnen und Mitarbeitern, Probleme und Lösungsansätze; W. Bertelsmann Verlag GmbH und Co. KG, 2001.

3. Verschiedene Personalentwicklungsmöglichkeiten

3.1. Appreciative Inquiry-Ansatz: Vorhandene Potentiale entfalten

Der Appreciative Inquiry-Ansatz benötigt zunächst die Identifikation eines Kernthemas, in welchem eine Veränderung stattfinden soll, da das gewählte Thema die Richtungsänderung vorgibt. Appreciative Inquiry kann nicht nur als Methode für eine nachhaltige Unternehmensentwicklung insgesamt gesehen werden, sondern findet insbesondere auch Anwendung im Bereich der Personalentwicklung und kann auch auf die Personalentwicklungsplanung mit älteren Mitarbeitern angewendet werden. Appreciative Inquiry vermeidet dabei eine Defizit-Orientierung und fasst ausschließlich die positiven Erkenntnisse zusammen, um aus diesen Entwicklungsansätze zu ziehen. Der Ausschluss der Defizit-Orientierung erfolgt aus dem Bestehen der Gefahr heraus, sich bei einer Analyse der Defizite noch mehr zu diesen hin zu entwickeln.[71] Eine positive Veränderung beginnt dabei mit der Untersuchung des positiven Kerns - der Stärken, Fähigkeiten, Kompetenzen und Ressourcen der Mitarbeiter.[72] Im Rahmen des Appreciative Inquiry-Ansatzes kann ein Unternehmen die Personalentwicklungsmaßnahmen bei älteren Mitarbeitern und die Planung und Auswahlkriterien dieser als Kernthema betrachten, denn es kann jede Richtung, in die ein Unternehmen sich entwickeln will, gewählt werden (vgl. Abb. 2).

---

[71] Vgl. zur Bonsen, Matthias/Maleh, Carole: Appreciative Inquiry (AI): Der Weg zu Spitzenleistungen, Beltz Verlag, 2001 Weinheim und Basel, S. 45 Z. 3 ff.

[72] Vgl. zur Bonsen, Matthias/Maleh, Carole: Appreciative Inquiry (AI): Der Weg zu Spitzenleistungen, Beltz Verlag, 2001 Weinheim und Basel, S. 9 Z. 10 ff.

Konventioneller Ansatz: Probleme lösen	AI-Ansatz: Vorhandene Potenziale entfalten
Probleme identifizieren	Das erkunden, verstehen und wertschätzen, was an Gutem da ist
Ursachen analysieren	Entwerfen, was im besten Fall sein könnte
Mögliche Lösungen erarbeiten	Gestalten und vereinbaren, was sein soll
Maßnahmen planen	Planen, was zukünftig sein wird
Grundannahme: Organisationen haben Mängel, die beseitigt werden müssen.	Grundannahme: Organisationen haben ungeahntes Potenzial, das manchmal schon aufblitzt

Abb. 2: Konventioneller Ansatz und AI-Ansatz[73]

Betreffend die Weiterentwicklung der älteren Mitarbeiter muss ein Unternehmen die positiven Fähigkeiten der älteren Mitarbeiter erkennen und verstärken. Die Umsetzung von Appreciative Inquiry besteht oft aus vier Phasen: 1. Erkunden und Verstehen, 2. Visionieren, 3. Gestalten und 4. Umsetzen.[74] Sowohl das Unternehmen (bspw. der entsprechende Vorgesetzte) wie auch die älteren Mitarbeiter selbst partizipieren an sämtlichen vier Prozessphasen. Es gibt jedoch „keinen absolut richtigen Ablauf, sondern nur Aktivitäten, die zu jeder dieser Phasen typischer Weise stattfinden."[75] Die Fähigkeiten, Verhaltensweisen, Einstellungen und Leistungen der älteren Mitarbeiter werden so weiterentwickelt.

3.2. Altersgerechte Qualifizierungskonzepte

Um der Situation älterer Mitarbeiter in Unternehmen zu entsprechen, muss ein Unternehmen seine Mitarbeiter einschätzen. Ältere, langjährige Mitarbeiter sind betriebliches Potential, die über eine jahrelange Berufspraxis verfügen.

---

[73] zur Bonsen, Matthias/Maleh, Carole: Appreciative Inquiry (AI): Der Weg zu Spitzenleistungen, Beltz Verlag, 2001 Weinheim und Basel, S. 29, Konventioneller Ansatz und AI-Ansatz.

[74] Vgl. zur Bonsen, Matthias/Maleh, Carole: Appreciative Inquiry (AI): Der Weg zu Spitzenleistungen, Beltz Verlag, 2001 Weinheim und Basel, S. 32.

[75] zur Bonsen, Matthias/Maleh, Carole: Appreciative Inquiry (AI): Der Weg zu Spitzenleistungen, Beltz Verlag, 2001 Weinheim und Basel, S. 66 Z. 19 -21.

Somit haben diese Mitarbeiter ein wertvolles Erfahrungswissen, ebenso wie die gewachsene Kenntnis über betriebliche Organisationsstrukturen, was zusammen ein wertvolles Qualifikationsprofil darstellt[76], an dem sich Unternehmen orientieren müssen. Ältere Mitarbeiter lernen anders als jüngere, dem Unternehmen erst kurze Zeit angehörige Mitarbeiter, da die Vorbildung der älteren Mitarbeiter sehr ausgeprägt ist, diese jedoch aufgrund einer etwaigen langen Lernentwöhnung erst wieder aktiviert werden muss. „Der Wandel der Arbeitssysteme, der Technologien und der Altersstrukturen macht es [...] erforderlich, in stärkerem Maße Erfahrungsträger [...] zu berücksichtigen. Betriebliche Sensibilität [...] und die Entwicklung angepasster praxisnaher Lernformen bauen die mentalen und psychischen Hürden bei älteren Mitarbeitern ab."[77]

Hierdurch kann ein Unternehmen den Erfolg von Personalentwicklungsmaßnahmen bei seinen älteren Mitarbeitern dauerhaft steigern, da entsprechende Strukturen und Prozesse erarbeitet werden, die sowohl die Arbeitsfähigkeit der älteren Mitarbeiter als auch den Unternehmenserfolg sichern können. Altersgerechte Personalentwicklungsmaßnahmen wie auch Qualifizierungskonzepte ermöglichen den Unternehmen den optimalen Einsatz ihrer älteren Mitarbeiter. Altersgerechte Qualifizierungskonzepte sind auch insofern wichtig, als dass die berufliche Aus- und Weiterbildung in der Lage sein muss, individuelle Bildungskonzepte anzubieten, wenn Betriebe Probleme haben, Weiterbildungsnotwendigkeiten und betriebliche Belange vereinen zu können. Diese individuellen Konzepte sollten einerseits auf die Bedürfnisse der älteren Mitarbeiter eingehen, andererseits auch den unternehmerischen Zielen entsprechen.

---

[76] Vgl. Puhlmann, Angelika: Weiterbildung Älterer - Ein Faktor gesellschaftlicher und betrieblicher Entwicklung, S. 23 in: Schemme, Dorothea (Hrsg.): Berichte zur beruflichen Bildung: Qualifizierung, Personal- und Organisationsentwicklung mit älteren Mitarbeiterinnen und Mitarbeitern, Probleme und Lösungsansätze; W. Bertelsmann Verlag GmbH und Co. KG, 2001.

[77] Reind, Josef: Demografischer Wandel –(k)ein Problem!, Werkzeuge für betriebliche Personalarbeit, http://www.demowerkzeuge.de/werkzeuge-im-uberblick/weiterbildung-und-personalentwicklung/alternsgerechte-weiterbildung/.

Daher sollten sich diese Maßnahmen nicht nur inhaltlich, sondern auch in der zeitlichen, organisatorischen und terminlichen Gestaltung an betrieblichen Notwendigkeiten und der Bedürfnisstruktur der älteren Mitarbeiter orientieren.[78]

3.3. Ausschluss von Personalentwicklungsmaßnahmen und Folgen

Im Rahmen der Personalentwicklungspolitik besteht für Unternehmen theoretisch die Möglichkeit, Mitarbeitern ab einem bestimmten Alter die Teilnahme an Personalentwicklungsmaßnahmen wie Fortbildungen und Qualifizierungsmaßnahmen zu verwehren. Dies kann verschiedene Gründe haben: „In Betrieben wird eine Einbeziehung von Älteren in die berufliche Weiterbildung oft als unwirtschaftlich angesehen."[79] „Mit Verweis auf das Betriebsergebnis wird eine Qualifizierung zurückgewiesen, deren Durchführbarkeit und praktische Nützlichkeit oftmals durchaus gesehen wird."[80] Weiter unterliegen Einschätzungen der Qualifikationen, Lern- und Leistungsfähigkeiten der älteren Mitarbeiter auch Vorurteilen aus betrieblicher Sicht.[81] Ebenso kann ein Mangel an Qualifizierungskonzepten im Unternehmen als Einflussfaktor angesehen werden. Werden die älteren, langjährig betriebszugehörigen Mitarbeiter in Bezug auf die Personalentwicklungsmöglichkeiten jedoch völlig außer Acht gelassen, so entmutigt und demotiviert dies die älteren Mitarbeiter. Die berufliche Motivation der langjährig Betriebszugehörigen wird erheblich geschwächt.

---

[78] Vgl. Christ, Max und Röhrig, Rolf: Ältere in Unternehmen und Weiterbildung, S. 60, in: Schemme, Dorothea (Hrsg.): Berichte zur beruflichen Bildung: Qualifizierung, Personal- und Organisationsentwicklung mit älteren Mitarbeiterinnen und Mitarbeitern, Probleme und Lösungsansätze; W. Bertelsmann Verlag GmbH und Co. KG, 2001.

[79] Bundesministerium für Bildung und Wissenschaft: Berufsbildungsbericht 1994, S.142.

[80] Christ, Max und Röhrig, Rolf: Ältere in Unternehmen und Weiterbildung, S. 60, in: Schemme, Dorothea (Hrsg.): Berichte zur beruflichen Bildung: Qualifizierung, Personal- und Organisationsentwicklung mit älteren Mitarbeiterinnen und Mitarbeitern, Probleme und Lösungsansätze; W. Bertelsmann Verlag GmbH und Co. KG, 2001.

[81] Vgl. Puhlmann, Angelika: Weiterbildung Älterer - Ein Faktor gesellschaftlicher und betrieblicher Entwicklung, S. 21 in: Schemme, Dorothea (Hrsg.): Berichte zur beruflichen Bildung: Qualifizierung, Personal- und Organisationsentwicklung mit älteren Mitarbeiterinnen und Mitarbeitern, Probleme und Lösungsansätze; W. Bertelsmann Verlag GmbH und Co. KG, 2001.

Die abgeschwächte Motivation wiederum kann Ursache für Ausführungsfehler bei Aufgaben sein oder ein langsameres, da demotiviertes Arbeitsverhalten zur Folge haben, was den typischen Unternehmenszielen entgegenwirkt. Ebenfalls spart das Unternehmen zunächst zwar Kosten, die für etwaige Qualifizierungsmaßnahmen aufgebracht werden müssten. Jedoch ist nur in der Praxis anhand individueller Fallbeispiele tatsächlich nachvollziehbar, welche Auswirkungen nicht durchgeführte Personalentwicklungsmaßnahmen tatsächlich haben. Beispielsweise kann ein Mitarbeiter seine Aufgaben effizienter und zeitsparender erledigen, wenn er an einer Qualifizierungsmaßnahme teilgenommen hat, wodurch das Unternehmen wiederum Zeit und Geld spart. Ebenso kann eine Personalentwicklungsmaßnahme als Wertschätzung der betreffenden Mitarbeiter durch das Unternehmen die Motivation der älteren Mitarbeiter steigern.

4. Vergleichende Analyse

4.1. Vergleich von altersgerechten Qualifizierungsmaßnahmen und Ausschluss von Personalentwicklungsmaßnahmen

Der Appreciative Inquiry-Ansatz hat die Grundlage, vorhandene Potentiale zu identifizieren und zu entfalten und verzichtet dabei konsequent auf jegliche Defizit-Orientierung.[82] Dies kann für die älteren Mitarbeiter den Vorteil haben, dass sie nach ihren Stärken bewertet werden und entsprechend dieser Stärken zu ihnen und ihrem Aufgabenbereich passende Weiterbildungsmaßnahmen seitens des Unternehmens ausgewählt werden. Durch die vier Phasen des Appreciative Inquiry-Ansatzes können Zielvereinbarungen getroffen werden, die auf einem ehrlich gemeinten Beteiligungsprozess beider Seiten beruhen.[83] Somit können sowohl die entsprechenden Vertreter des Unternehmens wie auch die älteren Mitarbeiter ihre Ängste und Vorurteile schildern bzw. abbauen, hieraus können Initiativen entstehen und interessante Sichtweisen eingebracht werden, die bei der Umsetzung der Weiterbildungsmaßnahmen hilfreich sein können.[84] Appreciative Inquiry ist eine Maßnahme, die nicht speziell für ältere Mitarbeiter konzipiert ist, die jedoch einleiten kann, dass die älteren Mitarbeiter (wieder neu) motiviert werden und ihre bisherige Arbeit gewürdigt wird. Somit liegt der Fokus nicht auf den Fehlern, altersbedingten Vorurteilen oder nicht optimaler Durchführung von Arbeitsaufgaben, sondern es werden ausschließlich positive Arbeitsweisen, Eigenheiten, etc. hervorgehoben, so dass insbesondere ältere Mitarbeiter mental gestärkt werden und so Ängste und Vorurteile gegenüber Weiterbildungsmaßnahmen beidseitig abgebaut werden können. Appreciative Inquiry kann in der Beschäftigung mit der Personalentwicklung älterer Mitarbeiter weiterhin gut Anwendung finden.

---

[82] Vgl. zur Bonsen, Matthias/Maleh, Carole: Appreciative Inquiry (AI): Der Weg zu Spitzenleistungen Beltz Verlag, 2001 Weinheim und Basel, S. 29.

[83] Vgl. zur Bonsen, Matthias/Maleh, Carole: Appreciative Inquiry (AI): Der Weg zu Spitzenleistungen Beltz Verlag, 2001 Weinheim und Basel, S. 55.

[84] Vgl. zur Bonsen, Matthias/Maleh, Carole: Appreciative Inquiry (AI): Der Weg zu Spitzenleistungen Beltz Verlag, 2001 Weinheim und Basel, S. 55.

Da „bei jeder Veränderungsthematik, bei der es hilft, dass die Beteiligten ein größeres Bewusstsein ihrer bereits vorhandenen Fähigkeiten und Stärken und ein damit besseres Selbstbild entwickeln, Appreciative Inquiry sehr hilfreich sein kann."[85] Altersgerechte Qualifizierungsmaßnahmen zeichnen sich gegenüber dem Appreciative Inquiry-Ansatz dadurch aus, dass nicht ein bereits vorhandenes Konzept angepasst, sondern ein noch nicht existierendes Konzept speziell erstellt wird. Somit werden altersgerechte Qualifizierungsmaßnahmen eigens für ältere Mitarbeiter konzipiert, wodurch allein bereits eine Wertschätzung der älteren Mitarbeiter durch das Unternehmen signalisiert wird. Diese Wertschätzung wiederum erhöht vorab bereits die Motivation der älteren Mitarbeiter, sie sind dem Unternehmen diese Personalentwicklungsmaßnahmen wert. Weiterhin machen praktisch alle neueren Ansätze und Konzepte, wie im Vergleich auch der Appreciative Inquiry-Ansatz, deutlich, dass bei der beruflichen Weiterbildung mit Älteren die Individualität eine herausragende Rolle spielt[86]. Deshalb können altersgerechte Qualifizierungsmaßnahmen in der Planung und Konzepterstellung zunächst aufwendiger und teurer sein als bereits fertige Konzepte, jedoch sind diese neuen Konzepte für altersgerechte Qualifizierungsmaßnahmen eine gute Möglichkeit, Arbeits- und Weiterbildungsprozesse für die älteren Mitarbeiter so zu gestalten, dass sie sowohl den physiologischen als auch den psychologischen Fähigkeiten der einzelnen Arbeitsstufen gerecht werden. Ebenso können diese speziell entwickelten altersgerechten Qualifizierungsmaßnahmen wie auch bereits bestehende, lediglich angepasste Konzepte dauerhaft Anwendung finden, was Kosten wieder relativieren kann. Überdies kann eine Relativierung der Kosten dadurch gesehen werden, dass bereits bestehende, lediglich an die Bedürfnisse des Unternehmens und der älteren Mitarbeiter angepasste Konzepte zwar zunächst günstiger sind, jedoch nicht exakt das gewünschte Ziel anvisieren. Somit kann eine zunächst teurer scheinende Maßnahme, die jedoch exakt auf das gewünschte Ziel hin ausgerichtet ist, tatsächlich effizienter sein.

---

[85] zur Bonsen, Matthias/Maleh, Carole: Appreciative Inquiry (AI): Der Weg zu Spitzenleistungen Beltz Verlag, 2001 Weinheim und Basel, S. 20.

[86] Puhlmann, Angelika: Weiterbildung Älterer - Ein Faktor gesellschaftlicher und betrieblicher Entwicklung, S. 22 in: Schemme, Dorothea (Hrsg.): Berichte zur beruflichen Bildung: Qualifizierung, Personal- und Organisationsentwicklung mit älteren Mitarbeiterinnen und Mitarbeitern, Probleme und Lösungsansätze; W. Bertelsmann Verlag GmbH und Co. KG, 2001.

Hat ein Unternehmen Sorge aufgrund möglicherweise zu hoher Entwicklungskosten für die altersgerechten Qualifizierungsmaßnahmen, so können diese auch aufgesplittet werden. „Kleinere, aber kontinuierliche Investitionen in die Qualifikation der Mitarbeiter haben Rückwirkungen auf die Mitarbeiter hinsichtlich ihrer Stellung zur Firma. Investitionen in ihre Weiterqualifizierung werden als persönliche Wertschätzung empfunden und erhöhen so nicht nur die Loyalität"[87] sondern „auch die Betriebsbindung."[88] Altersgerechte Qualifizierungsmaßnahmen zeigen nicht nur die Wertschätzung des Mitarbeiters, sondern bedeuten auch Vertrauen des Unternehmens in ihn. Dies gewinnt an Bedeutung für den Mitarbeiter, je länger er dem Betrieb angehört. Vertrauen bringt Motivation und es entsteht der Wille und das Engagement des Mitarbeiters, eine Weiterbildung trotz persönlicher Zweifel aufgrund fortgeschrittenen Alters oder trotz Skepsis an dem Nutzen der Maßnahme, an dieser erfolgreich teilzunehmen.

Personalentwicklungsmaßnahmen für ältere Mitarbeiter nicht zur Verfügung zu stellen, wirkt sich demotivierend auf diese Mitarbeiter aus. Sie werden weniger gefordert und je länger die Mitarbeiter auch im betrieblichen Sinne nicht mehr lebenslang lernen, desto eher werden sie Ängste vor Weiterbildungsmaßnahmen aufbauen. An einer Weiterbildungsmaßnahme erfolglos teilzunehmen, nicht ausschließlich im Sinne des Bestehens einer Prüfung sondern auch im Verständnis der neuen Informationen und deren Umsetzung, wirkt sich zwar auf einen Mitarbeiter demotivierend aus, jedoch wird er ebenfalls demotiviert, wenn ihm gar keine Möglichkeiten zur Weiterentwicklung seitens seines Unternehmens geboten oder zugetraut werden. Folglich fühlen sich ältere Mitarbeiter nicht wertgeschätzt, woraus häufigere Krankmeldungen, Resignation oder Umorientierungswünsche entstehen. Neben der Demotivation der Mitarbeiter wirkt sich eine mangelnde oder grundsätzlich nicht stattfindende Personalentwicklung insgesamt auf das Unternehmen aus.

---

[87] Christ, Max und Röhrig, Rolf: Ältere in Unternehmen und Weiterbildung, S. 62, in: Schemme, Dorothea (Hrsg.): Berichte zur beruflichen Bildung: Qualifizierung, Personal- und Organisationsentwicklung mit älteren Mitarbeiterinnen und Mitarbeitern, Probleme und Lösungsansätze; W. Bertelsmann Verlag GmbH und Co. KG, 2001.

[88] Christ, Max und Röhrig, Rolf: Ältere in Unternehmen und Weiterbildung, S. 62, in: Schemme, Dorothea (Hrsg.): Berichte zur beruflichen Bildung: Qualifizierung, Personal- und Organisationsentwicklung mit älteren Mitarbeiterinnen und Mitarbeitern, Probleme und Lösungsansätze; W. Bertelsmann Verlag GmbH und Co. KG, 2001.

Ein Unternehmen, welches nicht für die Weiterentwicklung seiner Mitarbeiter sorgt, verliert im Umkehrschluss auch seine Position am Markt, da es mit der Zeit nicht mehr zu Innovationen fähig ist. Veraltetes Wissen, veraltete Technik sorgen dann für eine Verschlechterung der Position gegenüber der Konkurrenzunternehmen, eine Anpassung an aktuelle Erfordernisse des Marktes fände nicht statt.

4.2. Chancen und Risiken der Personalentwicklung bei älteren MA

Durch die ausschließliche Potential-Orientierung und das Vermeiden der Sicht auf Defizite birgt der Appreciative Inquiry-Ansatz die Gefahr, die älteren Mitarbeiter tendenziell zu positiv einzuschätzen und damit zu hohe Erwartungen zu haben, denen insbesondere diejenigen älteren Mitarbeiter, die bereits Hemmungen haben, eine Weiterbildungsmaßnahme zu absolvieren, nicht entsprechen können. Ebenfalls birgt Appreciative Inquiry das Risiko, dass die Beteiligten, obgleich es Voraussetzung für einen erfolgreichen Appreciative Inquiry-Prozess ist, die angestrebte Veränderung nicht ehrlich schildern oder gar keine klare Vorstellung der angestrebten Veränderung beschrieben werden kann, weil es ihnen an Motivation fehlt. Folglich kann eine Weiterbildungsmaßnahme für einen älteren Mitarbeiter im Rahmen des Appreciative Inquiry-Prozesses nur dann erfolgreich sein, wenn er motiviert und ehrlich agiert. Vorteile von Appreciative Inquiry sind die gesteigerte Motivation der älteren Mitarbeiter durch den wertschätzenden Umgang und die Reduktion von Vorurteilen. Hierdurch werden einerseits die Vorurteile der älteren Mitarbeiter gegenüber der Weiterbildungsmaßnahme selbst sowie andererseits die Vorurteile der Unternehmensvertreter gegenüber ihren älteren Mitarbeitern abgebaut. Das Risiko zu hoher Kosten ist für Unternehmen gegeben, die älteren Mitarbeiter wird dies im Regelfall nicht betreffen, da Kosten für Personalentwicklungsmaßnahmen normalerweise durch die Unternehmen getragen werden. Dies stellt für die älteren Mitarbeiter einen weiteren Vorteil dar, die Unternehmen tragen das Risiko, dass sich eine solche, den älteren Mitarbeitern ermöglichte Maßnahme nicht rentiert. Ebenso können die Kosten für die Entwicklung individueller, altersgerechter Qualifizierungsmaßnahmen wesentlich höher sein als für bereits bestehende Konzepte, die lediglich angepasst werden. Eine Überprüfung dessen gestaltet sich jedoch schwierig.

Daher unterbleiben Weiterbildungsanstrengungen oft mit Verweis auf die Kosten sowie den Zeitaufwand und befürchtete Störungen des Produktionsablaufes.[89]

Durch das Unterlassen von Personalentwicklungsmaßnahmen demotiviert ein Unternehmen jedoch seine Mitarbeiter und gefährdet außerdem seine eigene Marktposition. Die Gefahr besteht darin, dass Unternehmen sich auf einen zunächst kostengünstigeren Weg einlassen, dessen Ergebnis letztlich jedoch weder das Unternehmen zufriedenstellt noch auf die speziellen Bedürfnisse der älteren Mitarbeiter eingeht. Ein weiteres Risiko der Planung von Personalentwicklungsmaßnahmen älterer Mitarbeiter ist im weiteren Unternehmensrahmen auch darin zu sehen, dass sich Unternehmen einerseits (beispielsweise auch aufgrund der demografischen Entwicklung) mit der Personalentwicklung älterer Mitarbeiter befassen müssen, dadurch jedoch nicht die jüngeren Mitarbeiter in Vergessenheit geraten dürfen. Jüngere, dem Unternehmen erst kurze Zeit angehörige Mitarbeiter sind beispielsweise (noch) nicht betriebsblind, was bei älteren, langjährigen Mitarbeitern der Fall sein kann. Somit können auch jüngere Mitarbeiter zu Innovationen beitragen und bereits an regelmäßig stattfindenden Weiterbildungsmaßnahmen teilnehmen. „Erfolgreiche Strategien beruflicher Qualifizierung zur Prävention altersbezogener Probleme müssen letztlich ansetzen, bevor die Probleme entstehen, nämlich bei Jüngeren."[90] Eine gezielte Thematisierung des Alters ist bei altersgerechten Qualifizierungsmaßnahmen unumgänglich und bietet die Chance, alterstypische Stärken und Schwächen sowohl bei jüngeren als auch bei älteren Mitarbeitern zu erkennen und positiv zu nutzen.

---

[89] Vgl. Christ, Max und Röhrig, Rolf: Ältere in Unternehmen und Weiterbildung, S. 60, in: Schemme, Dorothea (Hrsg.): Berichte zur beruflichen Bildung: Qualifizierung, Personal- und Organisationsentwicklung mit älteren Mitarbeiterinnen und Mitarbeitern, Probleme und Lösungsansätze; W. Bertelsmann Verlag GmbH und Co. KG, 2001.

[90] Puhlmann, Angelika: Weiterbildung Älterer - Ein Faktor gesellschaftlicher und betrieblicher Entwicklung, S. 27 in: Schemme, Dorothea (Hrsg.): Berichte zur beruflichen Bildung: Qualifizierung, Personal- und Organisationsentwicklung mit älteren Mitarbeiterinnen und Mitarbeitern, Probleme und Lösungsansätze; W. Bertelsmann Verlag GmbH und Co. KG, 2001.

"Negative Selbsteinschätzungen können überwunden und auf diese Weise die Entwicklung von Motivation und beruflichen Perspektiven gefördert werden."[91]

Andererseits kann die gezielte Thematisierung des Alters seitens des Unternehmens zwar zweckmäßig sein, jedoch kann eine gezielte Konfrontation mit dem Alter Ängste und abwehrende Haltungen zusätzlich steigern. Die älteren Mitarbeiter fühlen sich unter Druck gesetzt weil die Anforderungen steigen und sie ggf. schon einige Zeit aus dem Lernen heraus sind - auch hierdurch begründet können ältere Mitarbeiter schließlich blockierende Distanz und Abwehrhaltung demonstrieren, um sich so in ihrer Altersgruppe zu verankern und allgemeinen Vorurteilen zu entsprechen.[92] Dabei bauen die allgemeinen Vorurteile gegenüber den älteren Mitarbeitern auf bisherigen Versäumnissen der Unternehmen auf, insbesondere dafür Sorge zu tragen, dass diese Vorurteile gar nicht erst entstehen oder aber abgebaut werden. Blockaden und Monotonie am Arbeitsplatz, unter denen besonders langjährige Mitarbeiter leiden, muss durch abwechslungsreiche Belastung und einen angemessenen Ausgleich vorgebeugt werden, die Chance liegt hierbei in der Schaffung einer individuellen Perspektive für die älteren Mitarbeiter. Ältere Mitarbeiter zu fördern bzw. zu fordern bietet den Unternehmen ebenfalls die Möglichkeit, die Besonnenheit und das langjährig aufgebaute, ganzheitliche Verständnis der älteren Mitarbeiter für ihre Arbeit konstruktiv zu nutzen. Dies zeigt sich beispielsweise in detailliertem strategischem Denken und einer logischen Argumentation, über die jüngere Mitarbeiter oft aufgrund ihrer kürzeren Betriebszugehörigkeit noch gar nicht verfügen können. Weiter sind ältere Mitarbeiter und die Fokussierung auf deren Weiterentwicklung aus dem Grunde relevant, da Qualitäts- und Erfahrungslücken nicht durch jüngere Mitarbeiter geschlossen werden können, was den älteren Mitarbeitern einen besonderen Status gewährt.

---

[91] Puhlmann, Angelika: Weiterbildung Älterer - Ein Faktor gesellschaftlicher und betrieblicher Entwicklung, S. 25 in: Schemme, Dorothea (Hrsg.): Berichte zur beruflichen Bildung: Qualifizierung, Personal- und Organisationsentwicklung mit älteren Mitarbeiterinnen und Mitarbeitern, Probleme und Lösungsansätze; W. Bertelsmann Verlag GmbH und Co. KG, 2001.

[92] Vgl. Puhlmann, Angelika: Weiterbildung Älterer - Ein Faktor gesellschaftlicher und betrieblicher Entwicklung, S. 24 in: Schemme, Dorothea (Hrsg.): Berichte zur beruflichen Bildung: Qualifizierung, Personal- und Organisationsentwicklung mit älteren Mitarbeiterinnen und Mitarbeitern, Probleme und Lösungsansätze; W. Bertelsmann Verlag GmbH und Co. KG, 2001.

Ein weiteres Risiko für Unternehmen liegt in einer grundsätzlich demotivierten, abwehrenden Haltung der älteren Mitarbeiter gegenüber Personalentwicklungsmaßnahmen.

Bei Feststellung einer solchen Haltung ist dieser seitens des Unternehmens entgegenzuwirken, da bei grundsätzlich negativer Einstellung der älteren Mitarbeiter zu Personalentwicklungsmaßnahmen die besagten umsonst durchgeführt werden, die Maßnahme wäre dann einerseits teuer aufgrund der für die Maßnahme selbst entstehenden Kosten. Weiter wäre sie kostenintensiv, weil der Mitarbeiter während der Maßnahme nicht an seinem Arbeitsplatz ist und seiner Arbeit nicht nachkommen kann. Erhöht werden diese beiden Kostenfaktoren durch Demotivation und abwehrende Haltung der älteren Mitarbeiter dann zusätzlich, wenn sie keine neuen, anwendbaren Erkenntnisse aus einer solchen Maßnahme ziehen und eine anschließende Umsetzung somit nicht stattfindet.

5. Fazit

In Bezug auf die Problemstellung lässt sich festhalten, dass die Durchführung von Personalentwicklungsmaßnahmen bei älteren Mitarbeitern sowohl Vor- als auch Nachteile mit sich bringt. Das quantitative Verhältnis von Chancen und Risiken ist unausgeglichen, es müssen viele Faktoren Berücksichtigung finden, um Chancen tatsächlich ausschöpfen zu können. Qualitativ ist das Verhältnis ausgeglichen, da der Nutzen erfolgreicher, speziell für ältere Mitarbeiter entwickelter Personalentwicklungsmaßnahmen sowohl für die Unternehmen als auch für die entsprechenden Mitarbeiter ungleich größer ist als die unumgänglichen negativen Folgen nicht oder nicht erfolgreich durchgeführter Personalentwicklungsmaßnahmen.

Damit sich Personalentwicklungsmaßnahmen sowohl für die Unternehmen als auch für die älteren Mitarbeiter lohnen, ist es wichtig, sich der älteren Mitarbeiter als eigenständiger Zielgruppe anzunähern. Auf den Mitarbeiter bezogen sollte das Alter thematisiert und eine wertschätzende Unternehmenskultur gelebt werden, die die älteren Mitarbeiter motiviert. Eine Durchführung von Personalentwicklungsmaßnahmen ist nur dann sinnvoll, wenn sowohl das Unternehmen davon profitiert, weil der Mitarbeiter das neue Wissen annimmt und dadurch effizienter arbeiten kann als auch dann, wenn die älteren Mitarbeiter motiviert an einer entsprechend auf sie zugeschnittenen Maßnahme teilnehmen, aus der sie sowohl neue Informationen als auch persönliche Bestätigung erfahren. Personalentwicklungsmaßnahmen für ältere Mitarbeiter zu planen und durchzuführen ist ein zweiseitiger, partizipativer Prozess. Das Unternehmen muss mit dem älteren Mitarbeiter gemeinsam planen, es muss motiviert sein, die Entwicklung des älteren Mitarbeiters zu gestalten. Ebenso sollten auch die älteren Mitarbeiter den ihnen ermöglichten Personalentwicklungsmaßnahmen motiviert entgegensehen. Es muss sowohl für das Unternehmen als auch für den Mitarbeiter ein klarer Nutzen erkennbar sein. Ist einer dieser Faktoren nicht gegeben, so lohnen sich Personalentwicklungsmethoden nicht bzw. nur geringfügig, insbesondere gemessen an dauerhaftem Erfolg und konsequenter positiver Veränderung. Die Frage nach einer tatsächlichen Kosten/Nutzen-Gegenüberstellung lässt sich nur anhand unternehmensinterner Auswertungen feststellen. Jedoch sind „die Kosten für Weiterbildungsmaßnahmen für sich genommen im Hinblick auf die betriebliche Rentabilität nicht aussagekräftig.

Ihnen gegenüber stehen positive Effekte, die sich als Ertragssteigerung auswirken können. Erst an dieser Differenz von aufgewendeten Kosten und dem Ertrag entscheidet sich, wie sehr sich Weiterbildung lohnt."[93] Weiter ist eine gut geplante, auf das Alter abgestimmte Qualifizierungsmaßnahme zu empfehlen, da so existente Risiken wie Ängste, die Entstehung von Konflikten und mögliche Demotivation, reellen Chancen einer erfolgreichen Personalentwicklung der älteren Mitarbeiter gegenüber stehen. Austausch und Ideenvielfalt sowie eine Weitergabe von Wissen können dann für beide Seiten effektiv durchgeführt werden.

Von einer grundsätzlichen Unterlassung von Personalentwicklungsmaßnahmen für ältere Mitarbeiter ist abzuraten, eine entsprechend individualisierte Ausrichtung der Qualifizierungsmaßnahmen, beginnend bereits zu Beginn der Arbeitszeit des Mitarbeiters für das Unternehmen, hingegen empfehlenswert, damit die Mitarbeiter von Anfang an lernbereit sind und dies auch in fortgeschrittenem Alter und nach langjähriger Betriebszugehörigkeit bleiben.

---

[93] Christ, Max und Röhrig, Rolf: Ältere in Unternehmen und Weiterbildung, S. 61, in: Schemme, Dorothea (Hrsg.): Berichte zur beruflichen Bildung: Qualifizierung, Personal- und Organisationsentwicklung mit älteren Mitarbeiterinnen und Mitarbeitern, Probleme und Lösungsansätze; W. Bertelsmann Verlag GmbH und Co. KG, 2001.

6. Literaturverzeichnis

Bundesagentur für Arbeit, Da geht noch was – Geschichten von erfolgreichen Spätstartern, Nürnberg, Dezember 2013

Bundesministerium für Bildung und Wissenschaft: Berufsbildungsbericht 1994, S.142

Christ, Max und Röhrig, Rolf: Ältere in Unternehmen und Weiterbildung in: Schemme, Dorothea (Hrsg.): Berichte zur beruflichen Bildung: Qualifizierung, Personal- und Organisationsentwicklung mit älteren Mitarbeiterinnen und Mitarbeitern, Probleme und Lösungsansätze; W. Bertelsmann Verlag GmbH und Co. KG, 2001

Das Lexikon der Wirtschaft, Grundlegendes Wissen von A bis Z, Bundeszentrale für politische Bildung, Bibliographisches Institut GmbH 2013, Bonn 2013

Gabler Wirtschaftslexikon, digitale Fachbibliothek, Prof. Dr. Thomas Bartscher: Personalentwicklung,
http://wirtschaftslexikon.gabler.de/Definition/personalentwicklung-1.html, 02.02.2014

Jonas, Renate: Erfolg durch praxisnahe Personalarbeit, Grundlagen und Anwendungen für Mitarbeiter im Personalwesen, 2. aktualisierte Auflage, Expert Verlag, Renningen 2009

Lohaus, Daniela/Habermann, Wolfgang: Weiterbildung im Mittelstand, Personalentwicklung und Bildungscontrolling in kleinen und mittleren Unternehmen, Oldenbourg Wissenschaftsverlag GmbH 2011

Olesch/Paulus: Innovative Personalentwicklung in der Praxis – Mitarbeiter-Kompetenz prozessorientiert aufbauen, C.H. Beck Wirtschafts Verlag, 2000

Puhlmann, Angelika: Weiterbildung Älterer - Ein Faktor gesellschaftlicher und betrieblicher Entwicklung in: Schemme, Dorothea (Hrsg.): Berichte zur beruflichen Bildung: Qualifizierung, Personal- und Organisationsentwicklung mit älteren Mitarbeiterinnen und Mitarbeitern, Probleme und Lösungsansätze; W. Bertelsmann Verlag GmbH & Co. KG, 2001

Reind, Josef: Demografischer Wandel – (k)ein Problem!, Werkzeuge für betriebliche Personalarbeit, http://www.demowerkzeuge.de/werkzeuge-im-uberblick/weiterbildung-und-personalentwicklung/alternsgerechte-weiterbildung/, 02.02.2014

Schemme, Dorothea (Hrsg.): Berichte zur beruflichen Bildung: Qualifizierung, Personal- und Organisationsentwicklung mit älteren Mitarbeiterinnen und Mitarbeitern, Probleme und Lösungsansätze; W. Bertelsmann Verlag GmbH und Co. KG, 2001

Wirtschaft heute, Bundeszentrale für politische Bildung, Bibliographisches Institut GmbH 2009, Mannheim 2009/Bonn 2009

Wuppertaler Kreis (Hrsg.): Ältere Mitarbeiter im Betrieb – Ein Leitfaden für mittelständische Unternehmen, Köln 1997

zur Bonsen, Matthias/Maleh, Carole: Appreciative Inquiry (AI): Der Weg zu Spitzenleistungen Beltz Verlag, 2001 Weinheim und Basel

Wissen durch Erfahrung. Weiterbildung und Förderung älterer Mitarbeiter als Erfolgsfaktor in Zeiten des Wandels von Thomas Duda

Wie oft verglimmen die gewaltigsten Kräfte, weil kein Wind sie anbläst!

(Jeremias Gotthelf)

1. Einleitung

1.1. Problemstellung

Unternehmen sind zu jeder Zeit Rahmenbedingungen und sogenannten Megatrends ausgesetzt, auf die sie nicht nur adäquat reagieren müssen, sondern die sie auch aktiv beeinflussen können. Gegenwärtig werden im personalpolitischen Umfeld als solche Megatrends z.B. die Globalisierung, der Wertewandel der Mitarbeiter, die Digitalisierung von Arbeit und nicht zuletzt der demographische Wandel identifiziert (Geighardt-Knollmann 2011: 6). Der demographische Wandel äußert sich in einer deutlichen Alterung der Gesellschaft, ausgelöst durch das Zusammenwirken niedriger Geburtenraten und steigender Lebenserwartung. Zwangsläufig steigt somit der Anteil und die Bedeutung der „Älteren" in Gesellschaft und Unternehmensbelegschaft. Dieser Trend manifestiert sich zusätzlich durch den sich abzeichnenden Fachkräftemangel. So steht eine sich verlängernde Lebensarbeitszeit einer sinkenden Zahl junger Berufseinsteiger gegenüber. Unternehmen beklagen die daraus resultierenden wachsenden Schwierigkeiten, freie Stellen mit jungem qualifiziertem Personal besetzen zu können mit der Folge, dass die Leistungs- und Zukunftsfähigkeit der Unternehmen mittel- und langfristig gefährdet sein kann. Vor dem Hintergrund der prognostizierten Veränderungen in der Altersstruktur des Erwerbspersonenpotentials und der Belegschaften steigt nach Experteneinschätzung somit der Handlungsdruck, ältere Arbeitnehmer in den Fokus betrieblicher Personalstrategien zu rücken (Bögel & Frerichs 2011: 9). Becker formuliert dies deutlicher, wenn er die Adressierung älterer Arbeitnehmer als eine gesellschaftliche und ökonomische Notwendigkeit einer Personalarbeit der Zukunft beschreibt (2008: 1).

Aber nicht nur die Anforderungen an Unternehmen, sondern auch die Anforderungen an die Mitarbeiter ändern sich. Im Zuge der Wissensgesellschaft sinkt der Anteil gering qualifizierter Tätigkeiten während der Anteil hoch und höchst qualifizierter Wissensarbeiter zunimmt.

Steigender Innovationsdruck auf den Märkten und der technische Fortschritt in Unternehmen durch Digitalisierung führen nicht nur zu neuen Arbeitsformen mit neuen Arbeitsanforderungen wie z.b. virtuellen Teams, sondern auch zu einer Verringerung der Halbwertszeit beruflichen Wissens (Roßnagel 2008: 4). Der Mix aus nachgefragten Fähigkeiten, Kompetenzen und Wissen verschiebt sich. Das Tempo der Veränderungen nimmt zu. Insbesondere ältere Mitarbeiter erfahren aber in der betrieblichen Praxis zu wenig Unterstützung, wenn es darum geht, deren Leistungspotentiale durch geeignete Maßnahmen zu fördern. Im Zuge des demographischen Wandels stellt diese Haltung eine Gefahr für die Zukunftsfähigkeit von Unternehmen dar.

Die Aufrechterhaltung und Förderung der Arbeits- und Beschäftigungsfähigkeit Älterer wird somit zu einem Oberziel demographiefester Personalpolitik. Wissenschaft und Praxis kommt hier die dringende Aufgabe zu, geeignete Ansätze und Instrumente der Weiterbildung und Förderung zur Verfügung zu stellen und diese auf die speziellen Bedürfnisse älterer Mitarbeiter auszurichten.

1.2. Ziel und Aufbau der Arbeit

Ziel dieser Diplomarbeit ist es, aufzuzeigen, wie ausgewählte Elemente einer demographiefesten Personalarbeit in Zukunft gestaltet sein müssen, um die Beschäftigungsfähigkeit älterer Mitarbeiter über einen möglichst langen Zeitraum zu erhalten und zu fördern. Dazu werden relevante personalpolitische Handlungsfelder im Hinblick auf die besonderen Erfordernisse und Leistungspotentiale Älterer hin untersucht sowie jeweils geeignete Instrumente dargestellt.

Das *zweite Kapitel* dient dazu, zu verdeutlichen, weshalb Ältere zunehmend in den personalpolitischen Fokus gerückt werden sollten. Dazu werden zunächst die zukünftige demographische Entwicklung sowie sich abzeichnende Veränderungen am Arbeitsmarkt erläutert. Zudem erfolgt eine Identifizierung spezifischer Stärken und Erfolgspotentiale Älterer.

Das *dritte Kapitel* bildet den Schwerpunkt dieser Arbeit und beschäftigt sich mit der beruflichen Weiterbildung als erstem personalpolitischen Handlungsfeld zur Steigerung der Beschäftigungsfähigkeit Älterer. Im Vordergrund der Betrachtung stehen die besonderen Anforderungen durch die Zielgruppe älterer Mitarbeiter sowie die Darstellung geeigneter Weiterbildungsmethoden. Abschließend werden praxisrelevante Handlungsempfehlungen gegeben.

Das *vierte Kapitel* dient der Darstellung ausgewählter Handlungsfelder der Förderung älterer Mitarbeiter. Dazu gehören die betriebliche Gesundheitsförderung, die Arbeitsgestaltung sowie die Laufbahngestaltung. Auch hier bilden praxisrelevante Handlungsempfehlungen den Abschluss.

Das *fünfte Kapitel* schließlich fasst wesentliche Aussagen der Arbeit zusammen und hebt Bezugspunkte zwischen den dargestellten Handlungsfeldern und einer demographiefesten Personalarbeit hervor.

Das *sechste Kapitel* bildet das Fazit.

2. Der ältere Mitarbeiter als Erfolgsfaktor in Zeiten des Wandels

2.1. Abgrenzung des Begriffs „ältere Mitarbeiter"

Betrachtet man die einschlägige Literatur, fällt auf, dass ältere Mitarbeiter als Gruppe offensichtlich schwer zu fassen sind. Bei der Frage, wer dieser Gruppe zuzurechnen ist, herrscht kein einheitliches Begriffsverständnis. So beginnt die Spannbreite der in den Veröffentlichungen einbezogenen Alterskohorten bereits mit einer unteren Altersgrenze von 40 Jahren und endet je nach Forschungsfrage und –disziplin theoretisch nach oben hin offen mit der Betrachtung der sogenannten „Silver Ager", also Mitarbeitern weit jenseits des Renteneintrittsalters (z.B. Brauer & Korge, 2009; Länge & Menke, 2007; Roßnagel, 2008). Diese große Spannbreite erscheint jedoch für diese Arbeit nicht sinnvoll, da eine solche Gruppe im Hinblick auf relevante Faktoren wie Leistungsfähigkeit, Lernfähigkeit, Produktivität, Kreativität und Motivation als nicht homogen anzusehen wäre. Deshalb sollen Berufstätige über der Renteneintrittsgrenze aus der Betrachtung ausgeschlossen werden. Verbunden mit der Frage, was Alter überhaupt ist, bleibt es dennoch schwierig, die Gruppe älterer Mitarbeiter exakt einzugrenzen. OECD, die Bundesagentur für Arbeit sowie politische Initiativen beziehen sich oftmals auf die Generation 50plus.

Eine reine Bezugnahme auf das kalendarische Lebensalter scheint insofern nicht vollkommen aussagekräftig, als es wenig über die tatsächliche körperliche, geistige und berufsspezifische Leistungsfähigkeit eines Mitarbeiters aussagt (George 2000: 19). Tätigkeiten und Branchenzugehörigkeit können als gewichtige Determinanten bei der Wahrnehmung von Alter angesehen werden. Je belastender die Arbeitsanforderungen an einen Mitarbeiter in seinem Beruf ausgeprägt sind, desto eher wird er als älter gelten. In der Wissenschaft existieren deshalb neben dem chronologischen Alter auch alternative Alterskonzepte wie etwa das funktionale oder das organisationale Alter. Während letzteres auf die Beschäftigungsdauer innerhalb einer Organisation oder einem Beruf abhebt, stellt das funktionale Alter eine Beziehung zwischen einsetzenden biologischen und psychologischen Veränderungen des Individuums und seinem chronologischen Alter her, um Aussagen über dessen Leistungsfähigkeit treffen zu können (Grube 2009: 3f.). Eine vertiefende Diskussion dieser Konzepte soll an dieser Stelle jedoch ausgeklammert werden.

In dieser Arbeit sollen im weiteren Verlauf in der Gruppe der älteren Mitarbeiter „alle Erwerbstätigen ab einem Alter von 45 Jahren bis zum Renteneintrittsalter" zusammengefasst werden. Dies geschieht aus der Erwägung heraus, dass die mit dem Altern verbundenen negativen Folgen für Mitarbeiter und Unternehmen keineswegs einem festgelegten Verlauf folgen, sondern teilweise durch personalpolitische Maßnahmen abgeschwächt oder aufgehalten werden können. Um diese Wirkung entfalten zu können, muss die Weiterbildung und Förderung älterer Mitarbeiter jedoch rechtzeitig proaktiv ansetzen. Dies begründet nach Meinung des Autors die Festlegung von 45 Jahren als untere Altersgrenze. Jedoch kann diese Definition nur als Richtschnur gelten. Armutat verweist zu Recht darauf, dass Alter immer eine Kombination aus psychischen wie physischen Veränderungen darstellt, die sich in Einstellungen, der Leistungsbereitschaft sowie der Leistungsfähigkeit zeigen (2012: 15). Wann diese Veränderungen eintreten, ist individuell und unabhängig von starren Einteilungen. Personalarbeit muss deshalb jeden Mitarbeiter ebenso individuell analysieren und daraus geeignete Fördermaßnahmen entwickeln. So sichert und nutzt sie dessen Beschäftigungsfähigkeit über sein gesamtes Erwerbsleben hinweg.

2.2. Die Beschäftigungssituation älterer Mitarbeiter in Deutschland

Analysiert man die Beschäftigungssituation älterer Mitarbeiter, dann ergibt sich diesbezüglich ein tendenziell uneinheitliches Bild. Zwar existiert ein solides Fundament statistischer Daten, allerdings bergen diese oftmals das Problem der Vergleichbarkeit untereinander. Zudem bestehen Einflüsse (z.B. politische Initiativen), die die ermittelten Daten im Zeitverlauf verzerren. Da den älteren Mitarbeitern in dieser Arbeit jedoch eine zunehmende Bedeutung für die Zukunft unterstellt wird, sollen hier möglichst kurz relevante Kennzahlen aufgeführt werden, um zu untersuchen, ob sich diese Entwicklung bereits durch vorliegendes Zahlenmaterial untermauern lässt.

Abbildung 1 zeigt die Entwicklung der Erwerbstätigenquote Älterer (50 bis unter 65 Jahre) zwischen den Jahren 2000 und 2010 auf. Die Erwerbstätigenquote bildet dabei den Anteil der Personen an der Bevölkerung ab, die zum Untersuchungszeitpunkt tatsächlich einer Beschäftigung nachgehen. Auffallend ist, dass der Anstieg der Erwerbstätigenquote mit zunehmendem Alter der Beschäftigten umso deutlicher ausgefallen ist. In der Alterskohorte von 60 bis unter 65 Jahren hat die Quote sich in dieser Zeit in etwa verdoppelt.

Gleichzeitig zeigt sich indes, dass der Beschäftigungsgrad in dieser Alterskohorte im Vergleich zu den 50 bis unter 60-jährigen massiv um etwa die Hälfte einbricht. Damit lag im Jahr 2010 die Erwerbstätigenquote von Personen zwischen 50 bis unter 65 Jahren bei 66,1%, während sie im Jahr 2000 noch 48,5% betrug.

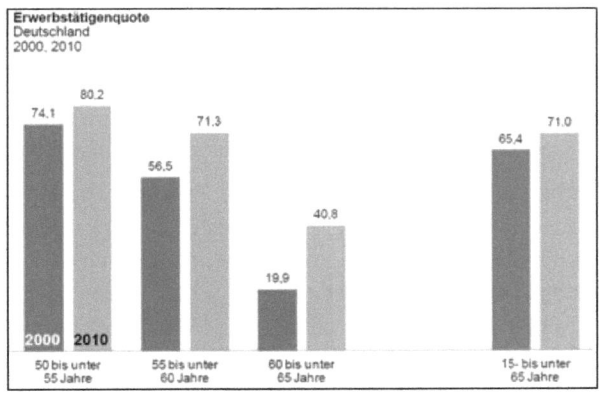

Abbildung 1: Erwerbstätigenquote Älterer (Bundesagentur für Arbeit 2012: 7)

Ältere Mitarbeiter weisen somit zwar das höchste Wachstum der Erwerbstätigenquote aller Altersgruppen auf, verharren aber auf einem relativ niedrigen Stand (Bundesagentur für Arbeit 2012: 7). Maßgeblichen Einfluss üben in diesem Zusammenhang die Erhöhung des Renteneintrittsalters sowie das Auslaufen der staatlichen Förderung von Altersteilzeit und Frühverrentung aus. Infolgedessen steigt der Druck, einer Beschäftigung nachzugehen. Dementsprechend ist das tatsächliche durchschnittliche Renteneinstiegsalter seit den 90er Jahren kontinuierlich angestiegen und lag im Jahr 2008 bei 61,6 Jahren (Roßnagel 2008: 4). Allerdings lässt die Erwerbstätigenquote allein kein eindeutiges Bild über die Beschäftigungssituation Älterer zu. Auch die Arbeitslosenquote Älterer als Kennziffer hilft nur bedingt weiter. Im Jahr 2011 lag diese für die 50 bis unter 65jährigen bei 8,0% und lag somit über der Arbeitslosenquote für die Gesamtbevölkerung von 7,1%. Sowohl die Erwerbstätigenquote Älterer als auch die Arbeitslosenquote Älterer bergen das Problem, das die Ermittlung beider Kennzahlen wie bereits angedeutet durch gesetzliche Änderungen beeinflusst worden ist.

Als Konsequenz ergeben sich im Zeitverlauf Sprünge in den ermittelten Werten, welche deren Interpretation erschweren.

Für einen umfassenderen Eindruck erscheint es deshalb sinnvoll, auf eine weitere Kennzahl zurückzugreifen, die Unterbeschäftigung Älterer. Diese beschreibt die Gesamtheit aus registrierten Arbeitslosen, Personen in entlastenden Maßnahmen der Arbeitsmarktpolitik und Personen in vorruhestandsähnlichen Regelungen. Der Vorteil dieser Kennzahl liegt darin, dass sie im Gegensatz zur Erwerbstätigen- und Arbeitslosenquote nicht durch Eingriffe der Arbeitsmarktpolitik verändert wird. Sie spiegelt damit ein realistisches Bild vom Defizit an Beschäftigung Älterer in Deutschland.

Abbildung 2 offenbart allein für den relativ kurzen Zeitraum von 2008 bis 2011 einen Rückgang der Unterbeschäftigung Älterer um ca. 14, 2%. Gleichzeitig ist zu aber erkennen, dass der Rückgang anscheinend maßgeblich vom Auslaufen der Vorruhestandsregelungen getrieben ist. Die Personengruppe in vorruhestandsähnlichen Regelungen nahm im Untersuchungszeitraum am stärksten ab.

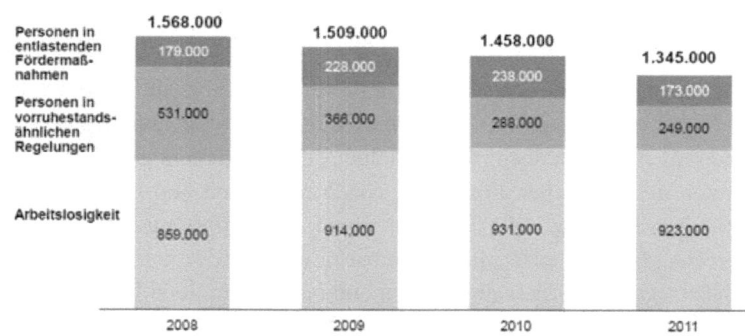

Abbildung 2: Unterbeschäftigung Älterer (Bundesagentur für Arbeit 2012: 18)

Im Ergebnis scheint die Beschäftigungssituation Älterer in Deutschland an einem Wendepunkt angekommen. Ein positiver Trend zeichnet sich bereits ab. Die steigende Erwerbstätigenquote Älterer und das zunehmende tatsächliche Renteneintrittsalter sowie die abnehmende Unterbeschäftigung Älterer deuten darauf hin. Zusätzlich weisen Ältere ein höheres Wachstum der Erwerbstätigenquote auf als die Gesamtbevölkerung.

Die Neigung vieler Unternehmen zu möglichst jungen Belegschaften scheint damit in zaghafter Auflösung begriffen. Mit Blick auf die zu erwartende demographische Veränderung der nächsten Jahrzehnte ist zudem eine weitere Verstetigung dieses Trends zu erwarten. Schon ab dem Jahr 2020 wird der Anteil der 50 bis unter 65jährigen rasant zunehmen, da ab diesem Zeitpunkt die letzten geburtenstarken Jahrgänge der 70er Jahre in dieses Alter hineinwachsen. Die darauf folgenden geburtenschwachen Jahrgänge werden den Arbeitskräftebedarf nicht auffangen können. Der Anteil Älterer an der Erwerbsbevölkerung wird in Folge weiter wachsen.

Es bleibt allerdings zu bedenken, dass die beschriebenen verbesserten Kennzahlen nichts über die Qualität der eingegangenen Beschäftigungsverhältnisse aussagen. So enthalten sie beispielsweise keine Informationen zum Anteil von Teilzeitbeschäftigung, der Sozialpflichtigkeit oder Befristung von Beschäftigungsverhältnissen. Diese Aspekte geben Hinweise auf die Vollwertigkeit von Beschäftigung und können somit indirekt auch als Indikatoren für die Employability älterer Mitarbeiter angesehen werden. Des Weiteren wird es interessant sein zu beobachten, ob sich der prognostizierte demographische Wandel, auch im Hinblick auf die Einzug haltende Wissensgesellschaft, positiv auf die Beschäftigungschancen älterer Langzeitarbeitsloser und Geringqualifizierter auswirken wird.

2.3. Altersstereotypen als Beschäftigungshemmnis für ältere Mitarbeiter

Im vorherigen Abschnitt wurde festgestellt, dass sich für ältere Arbeitnehmer ein positiver Beschäftigungstrend abzeichnet. Dennoch besteht in einem großen Teil der Unternehmen auch heute die Neigung zu jungen Belegschaften. Etliche Unternehmen beschäftigen weiterhin keine älteren Mitarbeiter und sehen auch keine Veranlassung, diese Einstellung zu überdenken. Geht man der Frage nach, woran dies liegt, stößt man auf diverse Attribute, die mit Älteren bzw. älteren Mitarbeitern verbunden werden und sich zu meist negativen Altersstereotypen verdichtet haben. Stereotype werden als mentale Repräsentation sozialer Kategorien aufgefasst, also eine durch vielfältige Erfahrungen erworbene Wissensansammlung über eine bestimmte Personengruppe (Rothermund 2009: 140). Problematisch werden sie dann, wenn sie Bewertungsprozesse beeinflussen, indem auf Stereotype zurückgegriffen wird, wo für den jeweiligen Einzelfall spezifische Informationen fehlen.

Konkret bedeutet dies, dass einem älteren Mitarbeiter unter Umständen nachteilige stereotype Eigenschaften zugeschrieben werden, welche real nicht auf ihn zutreffen. So hat sich in den letzten Jahrzehnten eine kollektive Haltung in den Unternehmen durchgesetzt, die für ältere Arbeitnehmer ein fundamentales Beschäftigungshemmnis darstellt. Was auf der Absatzseite beispielsweise in der lange anhaltenden Vernachlässigung Älterer als Zielgruppe Ausdruck gefunden hat, hat sich somit in der Personalpolitik fortgesetzt.

Basis dieser negativen Grundhaltung älteren Mitarbeitern gegenüber stellt das früher vorherrschende Defizitmodell des Alterns dar. Das Modell geht in Summe von einem generellen Nachlassen der körperlichen, emotionalen, geistigen und sozialen Fähigkeiten im Verlauf des Alterns aus, ist jedoch heute wissenschaftlich überholt und insbesondere für die Phase der Erwerbstätigkeit fast gänzlich belanglos (von Rosenstiel 2009: 76). Begründet wird dies neben der fehlerhaften Methodik früher relevanter Untersuchungen vornehmlich mit den veränderten Rahmenbedingungen für Arbeitnehmer damals und heute.

Exemplarisch lassen sich die Schwächen des Defizitmodells sehr gut am Beispiel kognitiver Fähigkeiten wie Lernfähigkeit, Kreativität oder Erinnerungsvermögen verdeutlichen. Das Defizitmodell postuliert eine stetige natürliche Abnahme dieser Fähigkeiten ab Erreichen der Adoleszenz, also ein neuropathologisches Altern. Heutige Forschung weist jedoch darauf hin, dass für altersbezogene Veränderungen auch der Nicht-Gebrauch der jeweiligen Fähigkeiten einen gewichtigen Faktor darstellt. Es wird nachgewiesen, dass durch entsprechendes Training und Gebrauch dieser Fähigkeiten deren Abnahme nicht nur aufgehalten, sondern sogar umgekehrt werden kann (Roßnagel 2008: 30). Exakt in diesem Gebrauch bzw. Nicht-Gebrauch liegt jedoch die oben erwähnte Veränderung der Rahmenbedingungen für Arbeitnehmer. Während in der Industriegesellschaft körperliche Arbeitsanforderungen die kognitiven Anforderungen dominierten, kehrt sich dieses Verhältnis in der Wissensgesellschaft um. Lernfähigkeit und Kreativität sind heute elementare Voraussetzungen in der Arbeitswelt der Wissensgesellschaft. Allein der ständige Gebrauch kognitiver Fähigkeiten bildet somit die Grundlage, eine Abnahme kognitiver Leistungsfähigkeit bei älteren Mitarbeitern zu verhindern.

Diese Einsicht entspricht dem heute gängigen Kompetenzmodell des Alterns. Es beinhaltet eine differenzierte Sicht auf den Alterungsprozess, nach der verschiedene Fähigkeiten sich über die gesamte Lebensspanne hinweg unterschiedlich entwickeln. Deren Entwicklung ist immer Ergebnis eines Zusammenspiels von personen- und situationsspezifischen Faktoren, sprich Umweltanforderungen (Benz 2010: 70). Demnach nehmen bestimmte Fähigkeiten erst im Alter besonders zu, sofern eine Person nötige physische, psychische und kognitive Ressourcen zur Bewältigung der Umweltanforderungen aufweist. Eingeräumt wird allerdings eine mögliche Beeinträchtigung bezüglich der Gedächtnisleistung, Aufmerksamkeit und der Verarbeitungsgeschwindigkeit (Richenhagen 2003: 6). Zudem berücksichtigt es, dass die Entwicklung personengebunden verläuft, also nicht generalisiert werden kann. Individuelle Defizite können durch entsprechende Kompensationsstrategien nivelliert werden. Altern wird somit nicht als degenerativer Leistungsabfall, sondern als Leistungswandlungsprozess begriffen.

Obwohl das Defizitmodell des Alterns obsolet ist, halten sich dennoch diverse damit in Zusammenhang stehende negative Stereotype zu älteren Mitarbeitern. Der Katalog von Stereotypen in der Literatur ist vielfältig, variiert jedoch von Autor zu Autor. Tabelle 1 gibt deshalb einen zusammenfassenden Überblick über gängige negative Stereotype. Die dort aufgeführten Stereotype üben bei Personalverantwortlichen durchgängig eine hemmende Wirkung auf die Neigung aus, Ältere zu beschäftigen. Manche wiegen dabei indes besonders schwer. In Zeiten immer kürzerer Produktlebenszyklen, zunehmender Internationalisierung und Projektorientierung, ständig neuer Verfahrenstechniken und Arbeitsmittel (z.B. Informationstechnologie) fordert das Arbeitsleben immer intensiver das Bewältigen eines unsicheren und gleichzeitig herausfordernden Umfeldes. Neben den befürchteten Qualifikationsdefiziten fallen hier deshalb insbesondere die geringen Erwartungen hinsichtlich der Kreativität, Flexibilität, Lernfähigkeit und Arbeitsmotivation ins Gewicht. Auch mangelnde Veränderungsbereitschaft stellt als Stereotyp ein starkes Beschäftigungshemmnis dar. Sind Unternehmen gezwungen sich strategisch neu aufzustellen, geht dies meist mit Umstrukturierungen und Kosteneinsparungen einher. Älteren Mitarbeitern wird in diesem Zusammenhang oft unterstellt, besonders große Widerstände zur Verteidigung von Besitzständen aufzubauen.

Negative Stereotype zu Älteren Mitarbeitern	
• geringe Kreativität	• hohe Fehlzeiten
• geringe Lernbereitschaft	• hohe Kosten (Gehalt / mehr Urlaub)
• geringe Lernfähigkeit	• starke Immobilität
• geringe körperliche Belastbarkeit	• deutliche Qualifikationsdefizite
• geringe psychische Belastbarkeit	• abnehmende Arbeitsmotivation
• geringer beruflicher Ehrgeiz	• abnehmende Innovationsfähigkeit
• geringe Flexibilität	• mangelnde Veränderungsbereitschaft
• geringe Risikobereitschaft	• abnehmende kognitive Fähigkeiten

Tabelle 1: Negative Altersstereotypen zu Älteren Mitarbeitern (eigene Zusammenstellung in Anlehnung an Richenhagen 2003: 7)

2.4. Stärken und besondere Erfolgspotentiale älterer Mitarbeiter

Neben den in Kapitel 2.3 dargestellten negativen Stereotypen werden älteren Mitarbeitern auch positive Attribute zugeschrieben.

Tabelle 2 gibt einen Überblick über relevante positive Attribute. Die dort aufgeführten Stärken zeigen eindrücklich auf, dass ältere Mitarbeiter gegenüber Jüngeren über vielfältige Vorteile verfügen. Aus diesen Stärken resultieren Erfolgspotentiale, die für Unternehmen einen hohen Wertbeitrag darstellen und zu Wettbewerbsvorteilen führen können.

Positive Attribute älterer Mitarbeiter	
• ausgeprägte Arbeitsethik / -moral	• umfangreiche Fachkenntnisse
• emotionale Reife	• hohe Loyalität zum Arbeitgeber
• Zuverlässigkeit	• Ausdauer / Beharrlichkeit
• hohe Urteilsfähigkeit	• Pflichtbewusstsein
• Teamorientierung	• Verstehen von Marktzusammenhängen
• hohe soziale Kompetenz	• Qualitätsbewusstsein
• ganzheitliches Denken	• hohe Lernmotivation
• ausgeprägtes Erfahrungswissen	• betriebsspezifisches Wissen
• Netzwerk von Geschäftskontakten	• Kenntnis der Unternehmenskultur
• Besonnenheit in unsicheren und herausfordernden Situationen	• Kenntnis informeller Organisationsstrukturen im Unternehmen

Tabelle 2: Positive Attribute älterer Mitarbeiter (eigene Zusammenstellung in Anlehnung an Wegerich 2011: 147; Früchtenicht, Leibold & Voelpel 2007: 110; Backes-Gellner 2009: 168f.; Richenhagen 2003: 7)

Als das zentrale Erfolgspotential Älterer wird allgemein ihr gesammeltes Erfahrungswissen angesehen. Infolgedessen soll im Folgenden näher auf das Erfahrungswissen eingegangen werden. Hierzu werden die Begriffe Erfahrung und Wissen voneinander abgegrenzt. Anschließend wird der Versuch unternommen, daraus abgeleitet ein eigenes Begriffsverständnis von Erfahrungswissen zu entwickeln.

Wie der Begriff schon nahelegt, beruht Erfahrungswissen auf Erfahrung. Erfahrung kann bezeichnet werden als Expertentum in Form veränderter Handlungsbereitschaften (Echterhoff 1992: 89). Basis von Erfahrung ist persönliches Erleben von Dingen, Personen und Situationen (Langfermann 2012: 10). Sie entsteht durch individuelles Handeln und bedarf der Reflexion der Handlung. Insofern stellt der Erwerb von Erfahrung einen Lernprozess dar, wenn man Lernen mit Hacker und Skell als „informationsverarbeitende Vorgänge auffasst, die verhaltensregulierenden Gedächtnisbesitz aufbauen, welcher eine effiziente Auseinandersetzung mit Anforderungen ermöglicht" (1993: 17).

Wissen wird in der Literatur je nach Blickwinkel sehr unterschiedlich betrachtet und definiert. Oftmals unterbleibt eine genaue Definition des Begriffs, stattdessen wird auf eine Beschreibung von Wissensarten zurückgegriffen. Zurückgehend auf Ryle ist dabei eine zentrale Unterscheidung die zwischen deklarativem und prozeduralem Wissen. Deklaratives Wissen, auch Fachwissen oder konzeptuelles Wissen genannt, umfasst Begriffe, Objekte, Fakten und Sachverhalte einer bestimmten Domäne. Prozedurales Wissen dagegen bezeichnet Kenntnisse über Handlungen, Prozeduren und Regeln zur Lösung von Problemstellungen einer Domäne (Langfermann 2012: 12f.).

Eine weitere gängige Unterscheidung erfolgt nach explizitem und implizitem Wissen. Explizites Wissen beinhaltet dabei das bewusst verfügbare Wissen, implizites Wissen (tacid knowledge) indes rekurriert auf Fähigkeiten, die sich in regelhaftem Verhalten zeigen, ohne dass man sich dieser Regeln bewusst ist (Pätzold, Günter & Nickolaus 2010: 65). Implizites Wissen ist deshalb nicht oder nur schwer verbalisierbar und reflektierbar. Es wird meist durch Erfahrungslernen hervorgerufen und enthält deklarative und prozedurale Bestandteile (Schelten 2005: 187).

In der pädagogischen Psychologie gilt Wissen sehr universell gefasst als Ergebnis individueller Lernprozesse (Langfermann 2012: 11). Für Probst, Raub und Romhardt bildet Wissen präziser formuliert die Gesamtheit von Kenntnissen und Fähigkeiten, die Individuen zur Lösung von Problemen einsetzen (2003: 22). Diese individuelle Sichtweise unterstellt auch für das Wissen Personengebundenheit. Zwar wird hier vernachlässigt, dass Wissen beispielsweise auch in kollektiver Form personenungebunden in der Art von Normen, Routinen und Prozessen existiert, dennoch erscheint diese Sichtweise als Hinleitung zu einem eigenen Begriffsverständnis von Erfahrungswissen als zweckmäßig.

Legt man diese Definitionen den Überlegungen zugrunde, so kann Erfahrungswissen damit als der auf Erfahrungen beruhende Teil des Wissens in Form veränderter Handlungsbereitschaften eines Individuums beschrieben werden.

Nach Behrend vereinigt das Erfahrungswissen fünf inhaltliche Kategorien von Befähigungen Älterer (2002: 21):

1. Kategorie der fachlichen und methodischen Kompetenz:

Erfahrungswissen umfasst sowohl das Fach- und Faktenwissen, als auch eine allgemeine Problemlösungskompetenz und prozedurales Wissen im Sinne von Routinen.

2. Kategorie der Einstellung zu Veränderung:

Ältere haben eine stärker ablehnende Haltung zu Veränderungen. Das Festhalten an Bewährtem kann jedoch auch positiv als abwägendes rationales Handeln interpretiert werden.

3. Kategorie der Lebenserfahrung:

Lebenserfahrung führt als Selbstkenntnis zu Abgeklärtheit und erfahrungsfundiertem Urteilsvermögen.

4. Kategorie sozialer Kompetenzen:

Soziale Kompetenzen äußern sich durch Einfühlungsvermögen und Menschenkenntnis.

5. Kategorie der Einstellungen, Werte und Bedürfnisse:

Als solche kommen ein hohes Arbeitsethos, Pflichtbewusstsein und Loyalität gegenüber dem Arbeitgeber zum Tragen.

Folgt man dieser inhaltlichen Kategorisierung, so wird schnell deutlich, dass das Erfahrungswissen bereits viele positive Attribute älterer Mitarbeiter aus Tabelle 2 auf sich vereinigt. Das Erfolgspotential von Erfahrungswissen liegt nach Meinung des Autors in der Wirkung, die die beschriebenen inhaltlichen Kategorien des Erfahrungswissens insbesondere auf die Effektivität und Effizienz von Entscheidungs- und Kommunikationsprozessen in Unternehmen entfalten können. So können Entscheidungen durch breitere fachliche und methodische Kompetenz und Lebenserfahrung fundierter und unter Einbeziehung verschiedener Problemperspektiven getroffen werden.

Eine ausgeprägte soziale Kompetenz in Verbindung mit betriebsspezifischem Wissen wie z.B. informeller Strukturen kann zur Verkürzung und Verbesserung von Kommunikationsprozessen beitragen. Beide Effekte erhöhen die Effektivität und Effizienz von Arbeitsergebnissen und somit die Produktivität. Birkner unterstreicht diese These, wenn sie den Verlust von Erfahrungswissen über Personen, Prozesse und Strukturen, der durch Weggang älterer Mitarbeiter entsteht, und seine negativen Folgen als „Lost-Memory-Syndrom" bezeichnet (Birkner 2004: 21f.).

Älteren Mitarbeitern kann auch aus nachfolgenden Erwägungen heraus spezifisches Erfolgspotential zugeschrieben werden:

1. Ältere bilden nicht nur ein Mitarbeitersegment, sondern auf der Absatzseite zugleich ein durch den demographischen Wandel wachsendes Kundensegment. Unternehmen bietet sich insofern die Möglichkeit, unmittelbaren Einblick auf relevante Kundenbedürfnisse zu gewinnen und die Produktentwicklung, Absatzgestaltung etc. daran auszurichten. Dies entspricht einem der Grundgedanken des Diversity Management, dass durch Diversität geprägte Belegschaften besser auf heterogene Märkte reagieren können. (Bartscher, Stöckl & Träger 2012: 410)
2. Älteren wird in Bezug auf Werte und Einstellungen ein hoher Grad an Pflichtgefühl und Disziplin zugeschrieben. Diese Ausprägungen wirken auf die Gewissenhaftigkeit des Arbeitsvollzugs und haben damit positiven Einfluss auf die Produktivität älterer Mitarbeiter. In diesem Zusammenhang ist langfristig im Zuge des Generationenwechsels (Baby-Boomer, Generation X, Generation Y) jedoch eine Änderung dieser Werte absehbar.
3. Werden Ältere in altersgemischten Teams eingesetzt, weist Waskowsky eine grundsätzlich positive Wirkung auf die Kreativität und Innovationskraft solcher Teams nach (2012: 251). Auch Hüther betont in diesem Kontext die gegenseitige Ergänzung Jüngerer und Älterer und hebt die Lotsenfunktion Älterer durch deren Voraussicht, soziale Kompetenz und Erfahrungswissen hervor (2010: 241).
4. Ältere Mitarbeiter bieten Potential, Kosten einzusparen. So führt deren Loyalität zum Arbeitgeber über geringere Personalfluktuation zu sinkenden Kosten der Personalauswahl und –beschaffung.

Zusammenfassend kann bemerkt werden, dass durchaus Anreize bestehen, ältere Mitarbeiter zu beschäftigen. Ihr Stellenwert als Potentialträger beruht dabei vereinfacht gesagt vor allem auf ihrer Rolle als Träger von „know how".

3. Die berufliche Weiterbildung älterer Mitarbeiter

Weiterbildung hat in den letzten 20 Jahren sowohl in der öffentlichen als auch in der betrieblichen Diskussion eine breite Stellung eingenommen. Im Zuge der allgemeinen Forderung nach „lebenslangem Lernen" hat sich auf diese Weise ein stark wachsender Markt für formalisierte Weiterbildungsangebote entwickelt. Recht bald wurden jedoch die hohen „Streuverluste" der angebotenen Formen der Weiterbildung kritisiert, da die vermittelten Inhalte eher auf allgemeines explizites Wissen in Form eines „Lernens auf Vorrat" ausgerichtet waren. Der geringe Anwendungsbezug zum betrieblichen Geschehen und hohe Kosten ließen Zweifel am Nutzen zu (Faust & Holm 2001: 67f.).

Diese Tatsache deutet bereits auf zwei mögliche Problembereiche der Weiterbildungspraxis hin, zum einen auf eine mangelnde Auseinandersetzung mit bzw. Einsatz von geeigneten Methoden der Weiterbildung, zum anderen auf eine häufig holzschnittartige Konzeptualisierung der Weiterbildung in den Betrieben. Dabei wird es unterlassen, die klassische Trias der Unternehmensführung mit den Phasen der Planung, Durchführung und Erfolgskontrolle konsequent auf ein Weiterbildungsmanagement zu übertragen. [Becker formuliert hierfür einen detaillierteren Funktionszyklus systematischer Weiterbildungsarbeit mit den Phasen Bedarfsanalyse, Zielsetzung, kreative Maßnahmengestaltung, Durchführung, Erfolgskontrolle und Transfersicherung (2009: 286).] Dies mag in der pädagogischen Materie selbst begründet sein, oder an der vergleichsweise schwierigen und mit hohem Aufwand verbundenen Bedarfsermittlung und Erfolgskontrolle von Weiterbildung liegen.

In diesem Kapitel soll deshalb aufgezeigt werden, wie Weiterbildung, insbesondere für Ältere, aus heutiger wissenschaftlicher Erkenntnis heraus gestaltet sein sollte, um effektiv zu sein und sowohl Mitarbeitern als auch Unternehmen einen Mehrwert zu bieten. Obwohl einzelne Elemente des Funktionszyklus der Weiterbildung durchaus berührt werden, soll er dabei aus Kapazitätsgründen ausdrücklich nicht als Orientierungsrahmen dienen. Vielmehr soll der Fokus auf eine pädagogische Perspektive eingeengt werden, indem aus den Besonderheiten des Lernens Älterer Gestaltungsanforderungen für deren Weiterbildung abgeleitet und daraus resultierende geeignete Methoden dargestellt werden.

3.1. Abgrenzung relevanter Begriffe

Das Wissen der Mitarbeiter, ihre Qualifikationen, Kenntnisse, Fertigkeiten und Fähigkeiten werden als einer der strategischen Produktionsfaktoren angesehen. Unternehmen sind daher angehalten, einen langfristigen und nachhaltigen Kompetenz- und Qualifikationsaufbau ihrer Mitarbeiter abzusichern. Der Schlüssel zum Unternehmenserfolg ist hier eine strategisch ausgerichtete Personalentwicklung (Bartscher & al. 2012: 244). *Personalentwicklung* kann nach Becker definiert werden als die Summe „aller Maßnahmen der Bildung, Förderung und Organisationsentwicklung, die von einer Person oder Organisation zur Erreichung spezieller Zwecke zielgerichtet, systematisch und methodisch geplant, realisiert und evaluiert werden" (2009: 4). Sie zielt ab auf die Erhaltung und Erweiterung von Handlungskompetenz als Verbindung von fachlicher, sozialer und methodischer Kompetenz (Jung 2008: 255).

Einen klassischen Inhaltsbereich der Personalentwicklung stellt dabei die Weiterbildung dar. Diese führt im Ergebnis zu einer Veränderung und Neuorientierung des bisherigen Berufsfeldes, während die Fortbildung als der Weiterbildung verwandtes Phänomen als Vertiefung und Modernisierung von Wissen und Können auf der gleichen beruflichen Ebene verstanden wird (Becker 2009: 272). *Weiterbildung* soll hier aufgefasst werden als die „Summe aller zielbezogenen, geplanten, realisierten und evaluierten Maßnahmen systematischer Qualifizierung von Personal oder Gruppen, die auf der Berufsausbildung oder einer ersten Tätigkeit aufbauen" (Becker, Kirchner & Labucay 2010: 2). So verstanden soll Weiterbildung dazu dienen, Mitarbeitern horizontale (Anpassungsweiterbildung) oder vertikale (Aufstiegsweiterbildung) berufliche Mobilität sowie eine Korrektur der Berufstätigkeit zu ermöglichen. Insofern sind auch Fortbildungen und Umschulungen in die Definition mit eingeschlossen. Des Weiteren soll im Kontext dieser Arbeit in Abgrenzung zu allgemeiner Weiterbildung eine Einengung des Begriffs auf die berufliche Weiterbildung erfolgen.

Grundsätzlich kann zwischen formaler, nicht-formaler und informeller Weiterbildung unterschieden werden. *Formale* und *nicht-formale Weiterbildung* sind institutionalisierte und von Unternehmen oder externen Trägern organisierte Lernarten, meist in Form von Seminaren, Trainings und Lehrgängen. Erstere schließt mit einem staatlich anerkannten Zertifikat ab.

Informelle Weiterbildung hingegen wird vom Lernenden hinsichtlich Lernort, Lernzeit und Inhalten weitgehend selbst organisiert (Roßnagel 2008: 15). Somit erfordert informelle Weiterbildung ein hohes Maß an Selbststeuerung. Durch ihre Integration in die Arbeitsprozesse kann sie auch als „training on the job" bezeichnet werden.

3.2. Das Weiterbildungsverhalten älterer Mitarbeiter

Trotz zunehmender Furcht vor dem Fachkräftemangel, liegt die Weiterbildungsbeteiligung in Deutschland nur im europäischen Mittelfeld (Adamy 2012: 9). Das Maß an Teilhabe an Weiterbildung ist abhängig von unterschiedlichen Einflussfaktoren. So spielen zunächst die Unternehmensgröße und Kostengesichtspunkte eine wichtige Rolle. Mit wachsender Zahl von Mitarbeitern ergibt sich eine zunehmende Weiterbildungsaktivität der Betriebe (Bellmann, Leber & Stegmaier 2007: 89). Dies führt dazu, dass berufliche Weiterbildung nicht unerheblich von der Initialisierung durch Unternehmen abhängt. Auch das Alter stellt einen Einflussfaktor dar. Eine wichtige Informationsquelle zum Weiterbildungsverhalten Älterer stellt seit 1979 das „Berichtssystem Weiterbildung" (BSW) bzw. seit 2007 der „Adult Education Survey" (AES) dar, welches die Betrachtung von Entwicklungslinien erlaubt (Gnahs & von Rosenbladt 2011: 80).

Abbildung 3 zeigt die Weiterbildungsbeteiligungsquoten unterschiedlicher Altersgruppen auf. Es wird deutlich, dass Ältere in den letzten 30 Jahren zunehmend an Weiterbildung partizipieren. So stieg deren Beteiligung von 11% auf 38%. Trotzdem bleiben sie als Gruppe unterrepräsentiert. Dies wirft die Frage nach möglichen Ursachen auf. Bellmann et al. machen als grundlegende Ursache die Rolle Älterer in der betrieblichen Leistungserstellung der jeweiligen Betriebe und die Einschätzung deren Fähigkeiten durch die Unternehmen aus (2007: 821ff.).

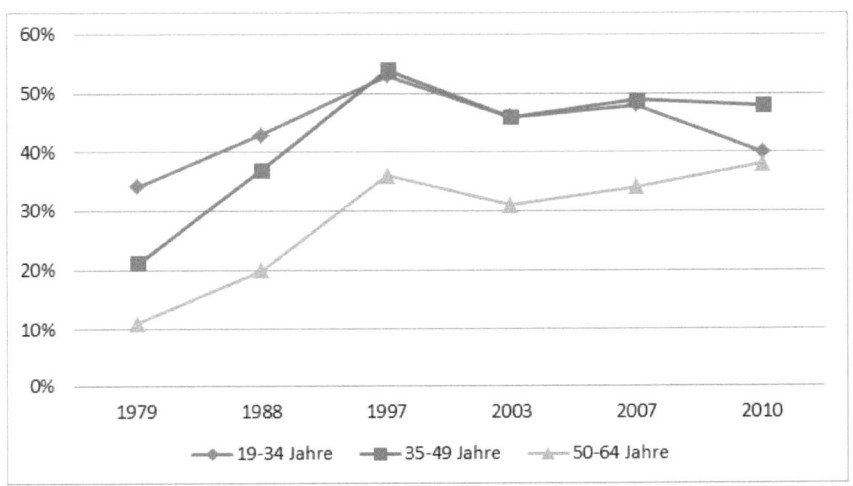

Abbildung 3: Entwicklung der Weiterbildungsbeteiligungsquoten unterschiedlicher Altersgruppen in Deutschland (eigene Darstellung in Anlehnung an Gnahs & von Rosenbladt 2011: 80 auf Basis von AES 2010 – TNS Infratest Sozialforschung).

Sie rekurrieren dabei auf den oftmals geringen Anteil Älterer an der Kernbelegschaft. Ausgehend von der Annahme, dass hauptsächlich Kernbelegschaften an Weiterbildung teilnehmen, werden Ältere folglich unterdurchschnittlich miteinbezogen. Daneben weisen sie in ihrer Untersuchung nach, dass Ältere weit weniger von Weiterbildung ausgeschlossen sind, wenn in Betrieben eine hohe Humankapitalorientierung besteht (2007: 91f.). Diese äußert sich in Form einer großen Anzahl Qualifizierter. Somit kann gefolgert werden, dass die Gruppe Älterer einen verhältnismäßig zu geringen Anteil Qualifizierter aufweist, um proportional an Weiterbildung zu partizipieren.

Einen ähnlichen Zusammenhang stellt Armutat fest, wenn er auf den Qualifikationsgrad qualifizierter Mitarbeiter abhebt. So bemerkt er, dass auch Ältere tendenziell umso mehr zu Weiterbildung neigen, desto höher ihr Qualifikationsgrad ist (Armutat 2012: 25). Dementgegen steht jedoch die Haltung vieler Unternehmen, dass sich Weiterbildung Älterer generell nicht auszahlt, weil eine ausreichende Amortisationszeit der nötigen Investition nicht gegeben sei. Dieser Effekt tritt umso stärker auf, je kürzer die erwartete verbleibende Betriebszugehörigkeit ausfällt.

Diese Argumentation ist jedoch insofern nicht zielführend, dass gerade jüngere Mitarbeiter der heute nachwachsenden Generation Y bereitwillig den Arbeitgeber wechseln, sofern sie darin Vorteile für sich erkennen. Auch dort ist die Amortisation also nicht gewährleistet. Indes stellen auch viele Ältere selbst aufgrund geringer Karriereerwartungen die Sinnhaftigkeit von Weiterbildung in Frage (Armutat 2012: 26). Evident wird dies in der Tatsache, dass die Teilnahme an Aufstiegsqualifizierungen im Laufe des Erwerbslebens nachlässt während Anpassungsqualifizierungen altersunabhängig sind (Becker et al. 2010: 2). Auch dies ist ein wichtiger Grund für geminderte Partizipationsraten.

Als letzte aber eminent gewichtige Ursache soll hier auf den oftmals auftretenden Mangel an speziell für Ältere zugeschnittenen Weiterbildungsmaßnahmen hingewiesen werden. Insbesondere die Möglichkeiten informeller Weiterbildung werden von Unternehmen zu wenig genutzt. Wenig anforderungsgerechte Angebote führen so zu Demotivation, da Ältere aufgrund schlechter voran gegangener Erfahrungen eine geringe Nutzenerwartung an zukünftige Maßnahmen haben.

Für die Zukunft ist jedoch zu erwarten, dass sich das Weiterbildungsverhalten Älterer denjenigen der übrigen Altersgruppen angleicht. Es ist davon auszugehen, dass nachwachsende Generationen Älterer andere Bildungsbiographien aufweisen werden als die heutige Generation und ihre Partizipation an Weiterbildung einfordern werden.

3.3. Ziele und Inhalte der Weiterbildung älterer Mitarbeiter

3.3.1. Ziele der Weiterbildung älterer Mitarbeiter

Berufliche Weiterbildung ist kein Selbstzweck, sondern sollte immer im Rahmen einer systematischen Personalentwicklung geplant und durchgeführt werden. Damit Weiterbildung effektiv gestaltet werden kann, ist die Kenntnis unternehmerischer Oberziele unabdingbar, somit steht Weiterbildung in direktem Zusammenhang mit der Unternehmensplanung (Becker 1999: 175f.). Neben den Unternehmen verbinden auch Mitarbeiter selbst bestimmte Ziele mit Weiterbildung. Diese sind in eine systematische Personalentwicklung zu integrieren (Wegner 2002: 17). Die ebenfalls mögliche gesamtgesellschaftliche Betrachtung soll an dieser Stelle ausgeklammert werden. Abbildung 4 gibt ohne Anspruch auf Vollständigkeit einen Überblick über jeweilige mögliche Ziele.

Ziele der beruflichen Weiterbildung älterer Mitarbeiter	
Aus Unternehmenssicht	**Aus Mitarbeitersicht**
• Wettbewerbsfähigkeit	• bessere Aufstiegschancen
• Anpassung der Qualifikationen der Mitarbeiter an veränderte Gegebenheiten	• bessere Chancen am Arbeitsmarkt
• Flexibler Mitarbeitereinsatz	• Aussicht auf höheren Verdienst
• Markpositionierung verbessern	• interessantere / anspruchsvollere Tätigkeiten
• Teameffizienz steigern	• Knüpfen von sozialen und beruflichen Kontakten
• Gesamtkompetenz erhöhen	
• Basisqualifikation sichern	• Arbeitsplatzsicherheit
• Führungskräfteentwicklung	• Überblick über neue berufliche Entwicklungen
• Gestaltung der Unternehmenskultur	
• Imagesteigerung des Unternehmens	• Anpassung an neue Anforderungen
• Mitarbeiterbindung	• gesteigerte berufliche Leistungsfähigkeit
• Mitarbeiterbelohnung	• persönliche Weiterentwicklung

Tabelle 3: Ziele der beruflichen Weiterbildung älterer Mitarbeiter (Zusammenstellung nach Becker 1999: 174f. und Cornelißen 2005: 3).

Anhand der Übersicht wird deutlich, dass Weiterbildung aus der Unternehmensperspektive heraus nicht nur direkte Auswirkungen auf Kompetenzen seiner Mitarbeiter hat, sondern auch andere zentrale personalwirtschaftliche Bereiche berührt werden. So ergeben sich durch eine erhöhte Flexibilität der Mitarbeiter erweiterte Möglichkeiten des Personaleinsatzes, wodurch etwa krankheitsbedingte Ausfälle besser kompensiert werden können. Im Kontext des Personalmarketings kann mit intensiver Weiterbildung als Element bei der Gestaltung der Arbeitgebermarke (employer brand) für das Unternehmen geworben werden, um die Personalbeschaffung auf dem externen Arbeitsmarkt zu erleichtern.

Daneben ist davon auszugehen, dass das Fördern von Weiterbildung positive Effekte auf die Mitarbeiterzufriedenheit hat und somit als Maßnahme der Mitarbeiterbindung im Zuge eines employee retention managements erachtet werden kann. Auch auf die Organisationsentwicklung kann Weiterbildung indirekt Einfluss nehmen.

Ferner zeigt sich, dass die Ziele von Unternehmen und Mitarbeitern nicht in Gänze widerspruchsfrei sind. So nehmen Unternehmen durch Weiterbildung ihrer Mitarbeiter immer das Risiko in Kauf, dass diese durch verbesserte Chancen am Arbeitsmarkt das Unternehmen verlassen.

Generell ist indes zu bemerken, dass die Ziele der Weiterbildung älterer Mitarbeiter sich dabei nicht grundlegend von denen anderer Altersgruppen unterscheiden.

3.3.2. Inhalte der Weiterbildung älterer Mitarbeiter

Eine Betrachtung der Inhalte der Weiterbildung älterer Mitarbeiter kann nur unter der Prämisse erfolgen, dass Ältere keine homogene Gruppe bilden. Die Wahl geeigneter und erforderlicher Inhalte unterscheidet sich somit immer auch auf Basis vorhandener Vorkenntnisse, beruflicher Tätigkeitsfelder und dem Geschlecht (Weiss 2009: 52).

Abbildung 4 veranschaulicht die Ergebnisse einer Befragung des BIBB unter Personalverantwortlichen zum Qualifizierungsbedarf von älteren Mitarbeitern in deren Betrieben. Dabei erfolgt eine Unterscheidung nach relevanten Themenbereichen von Weiterbildung. Zudem wird zusätzlich der Qualifizierungsbedarf der Gesamtbelegschaft abgefragt, um über Vergleichswerte verfügen zu können.

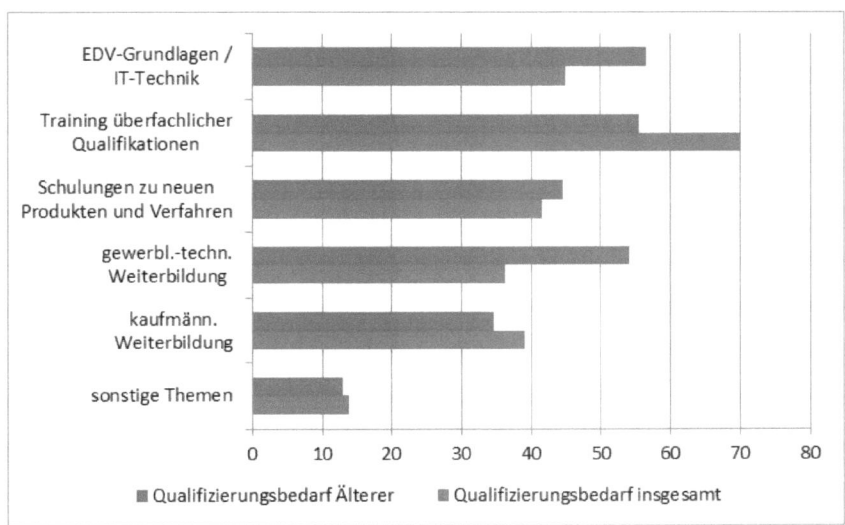

Abbildung 4: Themenbereiche mit dem höchsten Qualifizierungsbedarf (nach Zimmermann 2009: 26).

Es wird ersichtlich, dass die inhaltlichen Schwerpunkte der Weiterbildung Älterer in den Themenbereichen EDV / IT, überfachliche Qualifikationen sowie gewerblich-technische Weiterbildung angesiedelt sind. In diesen Bereichen ergeben sich auch die größten Unterschiede zwischen Älteren und Gesamtbelegschaft. Ältere weisen demnach einen höheren Bedarf an „technischer" Qualifizierung auf, während sie hinsichtlich überfachlicher Qualifikationen besser abschneiden. Dies lässt auf einen Mangel an Fachkompetenz Älterer schließen, während überfachliche Kompetenzen wie Teamfähigkeit, Kommunikationsfähigkeit, Einfühlungsvermögen, Konfliktfähigkeit oder Reflexionsfähigkeit verhältnismäßig gut ausgeprägt scheinen. So berichten auch Schröder und Gilberg von einer Bedeutungszunahme insbesondere von Computerkursen für Ältere (2005: 74).

3.4. Anforderungen an die Weiterbildung älterer Mitarbeiter

In diesem Abschnitt werden zunächst Forschungsbefunde zur Lernfähigkeit Älterer benannt, um darauf aufbauend Gestaltungsanforderungen für eine zielgruppenspezifische Weiterbildung zu definieren.

3.4.1. Aktuelle Forschungsbefunde zur Lernfähigkeit Älterer

Die Lernfähigkeit Älterer wird in der Praxis häufig angezweifelt. Dementgegen stehen jedoch Forschungsergebnisse, die aufzeigen, dass die Lernfähigkeit während des gesamten Berufslebens intakt bleibt (Roßnagel 2011: 58). Lernfähigkeit umfasst vor allem kognitive und motivationale Aspekte und kann im Zuge der hier verwendeten Definition von Lernen (s. Kap. 2.4) als die Fähigkeit zur Verarbeitung und Speicherung von verhaltensregulierenden Informationen bezeichnet werden.

Sie hängt ab von folgenden Einflussfaktoren:

• *Informationsverarbeitungs- und Wahrnehmungsfähigkeit*

Eine zentrale Determinante der Lernfähigkeit ist die Intelligenz. Intelligenz bezeichnet die geistige Anpassungsfähigkeit an neue Aufgaben und Bedingungen (Benz 2010: 95). Schon früh ist erkannt worden, dass Intelligenz kognitive Prozesse auf verschiedenen Ebenen umfasst. Gängig ist dabei die Unterscheidung nach Catell in die fluide und kristalline Intelligenz (Becker & al. 2010: 5). *Fluide Intelligenz* („Mechanik") beschreibt dabei die Basisprozesse und Leistungsressourcen zur Informationsverarbeitung (Bögel & Frerichs 2010:67). Sie wird bestimmt durch die individuelle Kapazität des Kurzzeit- bzw. Arbeitsgedächtnisses und nimmt beim Altern tendenziell ab (vgl. Lehr 2007: 76ff.). Infolgedessen sinkt die Informationsverarbeitungs- bzw. Lerngeschwindigkeit Älterer. Nach einer Studie von Morrow wirkt sich insbesondere die Komplexität von Sachverhalten bei Älteren negativ auf die Erinnerungsleistung des Kurzzeitgedächtnisses und somit auf deren fluide Intelligenz aus (Becker 2010: 6).

Kristalline Intelligenz („Pragmatik") dagegen beschreibt erfahrungsbasiertes inhaltliches Wissen, welches im Langzeitgedächtnis gespeichert ist (Bögel & Frerichs 2010: 67). Sie kann beim Altern sowohl stabil bleiben als auch zunehmen. Studien weisen dies bereits ab dem mittleren Erwachsenenalter nach (Brauer 2009: 55). Dem S-O-K-Modell von Baltes folgend ist die Pragmatik imstande, eine nachlassende Mechanik zu kompensieren (vgl. Trautmann, Voelcker-Rehage & Godde 2011: 19). Voraussetzung für diesen Effekt ist ein hohes Maß an Vorkenntnissen des Lernenden. Ungenügendes Vorwissen schmälert dann den Lernerfolg Älterer, wenn kristalline Intelligenz mangelhaft ausgeprägt ist (Charness & Czaja 2006: 10).

Daneben spielt auch das altersbedingte Nachlassen der Wahrnehmungsfähigkeit (Seh- und Hörvermögen) eine Rolle für die Lernleistung.

• *Lernverhalten und Lernstile*

Studien legen nahe, dass Ältere in Abhängigkeit von Kohortenzugehörigkeit und Bildungsbiographie im Gegensatz zu Jüngeren andere Lernstile aufweisen, was bei didaktischen Arrangements berücksichtigt werden sollte (Bögel & Frerichs 2010: 69). Während Jüngere eher in der Lage sind theoretische Inhalte ohne konkreten Nutzenbezug mechanistisch zu erfassen, bedürfen Ältere eine stärker Aufgaben- und fallbezogene Vermittlungsform mit konkreten Praxisbezügen (ebenda). Dafür werden vornehmlich zwei Gründe ausgemacht. Zum einen sind Ältere geprägt durch Lernerfahrungen im Zuge des Arbeitsprozesses, d.h. Lernen erfolgt durch das Lösen von während des Arbeitsvorganges auftretenden Problemen. Zum anderen sind Ältere durch ihre Bildungsbiographie häufig wenig vertraut mit institutionalisierter Weiterbildung, was einen Mangel an Lernkompetenz für formalisiertes Lernen mit Lernmedien nach sich zieht (Oswald 2006: 111). Benz weist zudem daraufhin, dass Ältere weniger gut lernen, wenn verwendete Lernmaterialien unstrukturiert, irrelevant oder sinnlos sind und sich das Lernen unter Zeitdruck vollzieht (Benz 2010: 101).

• *Lernbereitschaft und Lernmotivation*

Eine hohe Motivation ist für den Weiterbildungserfolg von elementarer Bedeutung, da sie sowohl als deren Voraussetzung als auch Ergebnis gilt (Becker & al. 2010: 4).

Motivation bewirkt generell, dass von der Intensität und Dauer her mehr Anstrengung in Tätigkeiten investiert wird (Roßnagel 2010: 139). Unterschieden werden allgemein die extrinsische und intrinsische Motivation. Intrinsische Motivation vollzieht sich aus der Freude an einer Tätigkeit selbst heraus, extrinsische Motivation entsteht durch antizipierte und mit der Tätigkeit verbundene Vorteile. Analog lassen sich dementsprechend Motive klassifizieren. Diese geben individuelle Verhaltensdispositionen bezüglich bestimmter Ziele wieder, können also als Beweggründe menschlichen Verhaltens definiert werden (Jung 2008: 367). Motive unterliegen jedoch im Alterungsprozess einem deutlichen Wandel, der sich auf die Lern- und Weiterbildungsmotivation auswirkt.

So stellten Warr und Birdi 1998 einen negativen Zusammenhang zwischen Weiterbildungsmotivation und dem Alter fest (Roßnagel 2010: 139). Zusätzlich hebt Roßnagel hervor, dass für Ältere die motivationale Selektivität, d.h. das Streben nach positiven und Vermeiden negativer Emotionen an Wert gewinnt (2010: 141). Insofern kann für die Lernmotivation und letzten Endes den Lernerfolg als wichtiger Aspekt angesehen werden, als wie hoch sich der Erfüllungsgrad der individuellen Motive und Ziele erweist, die Ältere mit Weiterbildung verfolgen. Dieser sollte möglichst hoch sein, um positive Emotionen statt Frustration hervorzurufen. Als Beispiel für diesen Mechanismus kann das Motiv der erhöhten Karrierechancen angeführt werden. Ältere haben zumeist einen pessimistischen Standpunkt bezüglich ihrer Karrierechancen, was die Lernmotivation mindert. Auch ein Realisieren der relativ kurzen verbleibenden Lebensarbeitszeit hat eine ähnliche Wirkung, da dies die Sinnhaftigkeit von Weiterbildung aus der Sicht der Älteren infrage stellt (Bögel & Frerichs 2011: 70).

Als kritisch hinsichtlich der Lernbereitschaft und Lernmotivation sind ebenfalls fehlende finanzielle Anreize und häufig mangelnde Anregung zur Weiterbildung durch das soziale Umfeld einzustufen (Becker & al. 2010: 11). So erzielen insbesondere in den neuen Ländern Ältere keine Lohnvorteile durch die Teilnahme an Fortbildungen. Dies steht jedoch im Kontrast zur Bedeutungszunahme des Gehalts im Alter, womit ein steigendes finanzielles Anspruchsniveau einhergeht. Das soziale Umfeld kann auf die Weise motivationshemmend wirken, dass Ältere im Vergleich zu Jüngeren weit weniger Feedback und insoweit auch weniger positive Leistungsrückmeldungen erhalten. Dadurch sinkt das Zugehörigkeitsgefühl zu den Kollegen und wirkt sich negativ auf das Arbeitsklima einer altersgemischten Belegschaft aus.

Charness & Czaja gehen davon aus, dass die Lernmotivation gefördert wird, wenn Ältere die Sinnhaftigkeit von Lehrinhalten verstehen (2006: 17ff.). Hierfür erachten sie es für den Lernenden als hilfreich, die konkreten Ziele eines Trainings in einen breiteren Kontext zu stellen.

Ebenfalls förderlich wirkt sich eine positive Selbsteinschätzung der eigenen Lernfähigkeit aus (Becker & al. 2010: 10). Gute Erfahrungen aus früheren Lernsituationen steigern demnach das Selbstvertrauen und die Lernmotivation.

Als problematisch dagegen kann es sich erweisen, wenn Ältere ihre Situation als Lernende als demütigend empfinden, weil sie sich als gestandene Persönlichkeiten begreifen und Weiterbildung als Zweifel an ihrer Kompetenz auffassen (Bögel & Frerichs 2011: 70).

Zusammenfassend lässt sich festhalten, dass die in diesem Abschnitt dargelegten Befunde zur Lernfähigkeit Älterer eindringlich nahelegen, dass eine effektive Weiterbildung älterer Beschäftigter nur unter Berücksichtigung zielgruppenspezifischer Voraussetzungen und Eigenschaften gestaltet werden kann. Werden entsprechende Implikationen allerdings in die Planung konkreter Maßnahmen miteinbezogen, sind keine nennenswerten Unterschiede für den Lernerfolg zwischen älteren und jüngeren Mitarbeitern zu erwarten (Weiss 2009: 51).

3.4.2. Implikationen für die Gestaltung der Weiterbildung Älterer

Aus den zuvor dargelegten Forschungsbefunden zur Lernfähigkeit Älterer ergeben sich diverse Implikationen und Anforderungen zur Gestaltung der Weiterbildung Älterer. Aus Gründen der Übersichtlichkeit sollen gängige Anforderungen in Abbildung 5 summarisch, aber kriteriengeleitet möglichst umfassend aufgeführt werden.

Teilnahme- und Lernmotivation

- Schaffen von Informations- und Beratungsmöglichkeiten zum vorhandenen Weiterbildungsangebot
- Verdeutlichen des Anwendungsbezugs im Arbeitsalltag
- Beachten von persönlichen Entwicklungszielen
- Aufzeigen beruflicher Perspektiven
- Schaffen einer positiven Lernkultur
- Evtl. Vorhalten finanzieller und statusbezogener Anreize
- Abbauen negativer Selbsteinschätzungen Älterer zu ihrer Lernfähigkeit
- Anknüpfen an bestehendes Vorwissen Älterer
- Partizipation bei der Festlegung von Lernzielen
- Sensibilität bezüglich vorhandener jedoch überholter Handlungsroutinen Älterer
- regelmäßiges Feedback

Vermittlungsform

- Berücksichtigung altersabhängiger kognitiver Veränderungen
- Praxisorientierung anhand von Übungen und Anwendungsbeispielen
- Verwendung aktivierender Methoden
- Absichern von Transfer- und Trainingsmöglichkeiten (kontinuierliches Anwenden z.B. in selbstregulierten Lernpartnerschaften zur gegenseitigen Unterstützung im Anschluss an Qualifizierungen)
- Förderung selbstgesteuerten Lernens (insbesondere Lerntempo und Zeitautonomie bei der Durchführung von Wiederholungs- und Vertiefungsübungen)
- Modularisierung des Lehrstoffs mit schrittweiser Erhöhung der Anforderungen / Komplexität
- Vermeidung von Über- und Unterforderung
- Verkürzte Lernetappen mit ausreichend Erholungspausen
- Berücksichtigung generationsbedingt mangelnder Kenntnisse und Fähigkeiten im Medienumgang
- Anpassen des Hard- und Softwaredesigns (Schriftgröße, Kontrastschärfe etc.)
- Ergonomische Gestaltung von Bildschirmarbeit
- paralleler Einsatz visueller und akustischer Methoden
- Anbieten von Lernhilfen (Strukturierungen, Lernplanung, Lernkontrolle, Stressmanagement)
- Ermöglichen von Erfolgserlebnissen während des Lernprozesses
- Vermittlung von Kenntnissen zu übergeordneten Gesamtzusammenhängen
- klare Gliederung des Lernstoffs
- Gruppenarbeit und -lernen zur Stärkung des Zugehörigkeitsgefühls

Inhalte
• Einbeziehen der Vermittlung von Lernkompetenz • Fokussierung auch auf Reaktivierung verlernter fachlicher Grundkenntnisse
Lerngruppenzusammensetzung
• Möglichst homogene Gruppenzusammensetzung nach Wissensstand, Lernerfahrung und Weiterbildungsinteressen • Begrenzung der Teilnehmerzahl zur Berücksichtigung individueller Bedürfnisse
• Altershomogene Gruppenzusammensetzung zum Abbau von Barrieren bei Lernungewohnten • Altersheterogene Gruppen zur Vermeidung von Stigmatisierung und Förderung von intergenerativen Lernprozessen
Lernort
• Altersgerechte physikalische Gestaltung (Beleuchtungsniveau, Lärmarmut etc.) • Vermeidung von Störungen

Abbildung 5: Gestaltungsanforderungen an die Weiterbildung Älterer (eigene Darstellung in Anlehnung an Bögel & Frerichs 2011: 71ff.; Becker & al. 2010: 15f.)

Es zeigt sich, dass an die Weiterbildung Älterer eine große Bandbreite von Anforderungen gestellt werden kann. Es drängt sich daher die Frage auf, ob diese Anforderungen im Zuge einzelner konkreter Instrumente überhaupt annähernd erfüllt werden können.

Im folgenden Abschnitt soll daher zuerst der Versuch angestellt werden, Weiterbildungsinstrumente nach geeigneten Kriterien zu klassifizieren. Im Anschluss werden ausgewählte Instrumente auf Basis des Anforderungskataloges aus Abbildung 5 auf ihre Eignung für ältere Beschäftigte hin diskutiert.

3.5. Methoden der Weiterbildung Älterer

3.5.1. Systematisierung von Weiterbildungsmethoden

Weiterbildung bezeichnet als Sammelbegriff ein sehr heterogenes Feld von Lernaktivitäten. Der AES beispielsweise erfasst eine Zahl von 4.678 verschiedenen Lernaktivitäten (Rosenbladt & Bilger 2011: 30). Dementsprechend existieren auch mehrere Möglichkeiten, diese zu systematisieren. So bestehen etwa Systematisierungsmöglichkeiten nach dem Ziel der Weiterbildung, den Inhalten, der Dauer, den Methoden, dem Ort und den Adressaten (Becker 2009: 298). Auch der Formalisierungsgrad oder der Organisationsgrad stellen geeignete Kriterien dar.

Weite Verbreitung findet in der Literatur eine Unterscheidung zwischen Methoden, die auf den Integrationsgrad des Lernens in den Prozess der Arbeit abhebt. Man spricht von Methoden *on the job und off the job*. Letztere beinhalten unter Anderem traditionelle Formen der Weiterbildung, wie Vorträge, Seminare und Kurse. Diese Methoden entsprechen einer Lernkultur des angeleiteten Lernens und zeichnen sich durch eine Dozentenorientierung, klassischen Frontalunterricht, eine theoretisch-deduktive Ausrichtung und Prüfungsorientierung aus (Döring & Freiling 2008: 84). Kritisiert wird an ihnen insbesondere aus der Sicht Älterer der fehlende Rückgriff auf vorhandenes Erfahrungswissen und die fehlende Lernmotivation durch mangelnden Anwendungsbezug (ebenda). Sie entsprechen somit in keiner Weise der heutigen Forderung nach aktivierendem Lernen und dem Schaffen von Transfermöglichkeiten. Eine allgemeinere Argumentationslinie zuungunsten traditioneller Methoden hebt auf die verhältnismäßig hohen Kosten ab, die dabei entstehen. Neben den direkten Kosten der Veranstaltungen gelten ebenso die damit verbundenen Absenzzeiten der Mitarbeiter als Kostentreiber. Speziell kleine und mittlere Unternehmen werden durch hohe Absenzzeiten auch organisatorisch vor immense Probleme gestellt. Weil traditionelle Methoden daneben oft wenig auf unternehmensspezifische und individuelle Bedürfnisse ausgerichtet sind, wird deren Nutzen insgesamt stark angezweifelt. Dennoch können die traditionellen Methoden sich in der Weiterbildung Älterer als nützlich erweisen, indem sie etwa bei Bedarf mit modernen Formen kombiniert werden.

Als Folge dieser pädagogischen Überlegungen und Rationalisierungstendenzen ist eine neue Generation von arbeitsplatznahen Methoden entstanden, auch Methoden *on the job* genannt. Diese greifen vor allem viele lerntheoretische Forderungen auf, für Unternehmen liegt der Mehrwert aber in dem hohen unternehmensspezifisch konkreten Problem- und Anwendungsbezug der Inhalte. Arbeitsplatznahes Lernen erfolgt also anhand individueller Bedürfnisse, praxis- und anwendungsorientiert. Aus Sicht älterer Beschäftigter besteht dessen Vorteil somit im Rückgriff auf vorhandenes Erfahrungswissen, aktive Lernsituationen und einer gesteigerten Lernmotivation durch erkennbaren Verwertungsbezug (Döring & Freiling 2008: 84).

Als förderlich für die Entwicklung neuer Weiterbildungsmethoden können sowohl die technische Fortentwicklung (computergestützte Weiterbildung) als auch neue organisatorische Ansätze angesehen werden. Organisatorische Trends wie die zunehmende Projektorientierung, Gruppenarbeit, das Nutzen von Netzwerken oder die Verflachung von Hierarchien (Birkner 2004: 39) begünstigen Weiterbildungsmethoden wie die Job Rotation, die Übernahme von Sonderaufgaben oder die Teilnahme an Projektgruppen und entwickeln Mitarbeiter sowohl fachlich als auch in ihrer Persönlichkeit weiter. Weiterbildung und Organisationsentwicklung ergänzen sich zunehmend.

Tabelle 4 gibt einen Überblick über Weiterbildungsmethoden on the job und off the job.

„on the job"	„off the job"
• Arbeitsunterweisung • Gelenkte Erfahrungsvermittlung • Job Rotation • Übertragung begrenzter Erfahrung • Übernahme von Sonderaufgaben • Teilnahme an Projektgruppen • Mehrgleisige Unternehmensführung • Beobachten / Ausprobieren • Computer-Based-Training • Austauschprogramme mit anderen Firmen • 4-Stufen-Methode • Coaching • Mentoring • Simulationen • Qualitätszirkel • Lernstatt • Lerninsel	• Programmierte Unterweisung • Lehrvortrag • Lehrkonferenz • Fallmethode • Rollen- und Planspiel • Gruppendynamisches Training • Förderkreis- und Erfahrungsaustauschgruppen • Fernunterricht • Besuch von Fachmessen und Kongressen • Lesen von Fachliteratur

Tabelle 4: Methoden der beruflichen Weiterbildung (eigene Zusammenstellung in Anlehnung an Jung 2008: 282; Oechsler 2001:509; Becker 2011: 239).

Besonderes Kennzeichen neuerer Weiterbildungsmethoden ist der Bedeutungszuwachs informellen beruflichen Lernens. Informelles Lernen erfolgt ebenso intentional wie Lernen in formalen oder nicht-formalen Kontexten, weist aber einen geringen Grad an Organisiertheit auf. Dies bedeutet, dass es sich nicht in einem speziell für Lernzwecke reservierten Rahmen vollzieht, sondern in Alltagsvollzüge z.B. am Arbeitsplatz eingebettet ist (Gnahs 2007: 38). Das informelle Lernen stellt also ein integriertes Additivum des Arbeitsprozesses dar. Gelegentlich wird in einer engeren Begriffsfassung auch implizites Lernen, welches nicht intendiert eher beiläufig im Rahmen von Handlungsvollzügen erfolgt, als informelles Lernen bezeichnet (vgl. Sevsay-Tegethoff 2007: 86; Weiss 2009: 49).

Lernen vollzieht sich hier eher unbewusst, da es in diesen Fällen nicht in erster Linie auf den Kompetenzzuwachs ankommt, sondern auf situatives Agieren zum Erreichen bestimmter Ziele (Gnahs, 2007: 39f.).

In enger Beziehung zum informellen Lernen, und insofern ebenfalls ein Kennzeichen moderner Weiterbildungsmethoden, steht das selbstgesteuerte Lernen. Dieses kann als Lernen bezeichnet werden, bei dem der Lernende verschiedene Phasen seiner Lerntätigkeit wie die Lernorganisation oder die Lernkoordination selbst beeinflusst (Euler & Pätzold 2010: 51). Selbststeuerung ist hier allerdings nicht gleichzusetzen mit absoluter Autonomie, da in der Praxis auch der Arbeitgeber beispielsweise Lernziele und Inhalte mitbestimmt (Euler & Pätzold 2010: 52).

Becker betont folgerichtig, dass informelles Lernen entweder eine ausgeprägte Selbstregulierungskompetenz und/oder eine tutorielle Beziehung voraussetzt (2009: 275).

3.5.2. Ausgewählte Methoden der Weiterbildung Älterer

Dargestellt werden sollen hier Methoden der Weiterbildung, die sich für Ältere besonders eignen, da sie zentrale in Abschnitt 3.4.2 aufgeführte methodische Gestaltungsanforderungen verstärkt aufgreifen.

3.5.2.1. Job Rotation

Die Job Rotation bezeichnet einen systematischen Arbeitsplatzwechsel zur Vermeidung einseitiger körperlicher Belastungen und monotoner geistiger Anforderungen sowie zur Vermittlung zusätzlicher Qualifikationen (Jung 2008: 286). Prägnant ist zudem der Verzicht auf arbeitsbegleitende Lernangebote, wodurch als Idealtypus eine rein situative Lernform vorliegt (Rebmann & Tenfelde 2008: 24). In Form eines „Springersystems" werden Mitarbeiter auf mehreren Positionen angelernt, um den Personaleinsatz flexibler gestalten zu können. Insofern ist die Job Rotation prinzipiell auf alle Zielgruppen anwendbar, findet jedoch bevorzugt bei Führungskräften Anwendung (Jung 2008: 287). Voraussetzung für den Einsatz dieser Methode ist, dass die Tätigkeiten der jeweiligen Arbeitsplätze umso ähnlicher geartet sein sollten, desto komplexer die Anforderungen ausfallen. Dies gewährleistet die Anschlussfähigkeit an das Vorwissen des Mitarbeiters.

Aus pädagogischer Sicht ist mit der Anschlussfähigkeit an das Vorwissen bereits auch eine wichtige Anforderung für die Weiterbildung Älterer gegeben. In Kombination mit der hohen Praxisnähe und der Möglichkeit des direkten Lerntransfers wird so die Teilnahme- und Lernmotivation erheblich gesteigert. Als besonders günstiger Faktor für den Lernerfolg wirkt sich aus, dass Ältere ihr Lerntempo individuell bestimmen können (Becker & al. 2010: 20). Dies mindert den Leistungsdruck beim Lernen und somit auch eventuelle Versagensängste. Ebenso positiv für den Lernerfolg kann sein, dass Mitarbeiter durch das Kennenlernen anderer Arbeitsplätze eines Ressorts ein besseres Verständnis für übergeordnete Zusammenhänge eines Ressorts bekommen und ihnen so die Sinnhaftigkeit eigener ursprünglicher Tätigkeitsinhalte deutlicher wird (Becker & al. 2010: 21). Zu beachten ist, dass Job Rotation sowohl innerbetrieblich als auch zwischenbetrieblich angelegt sein kann (Rebmann & Tenfelde 2008: 13). Bei einem zwischenbetrieblichen Arbeitsplatzwechsel kann hier der nützliche Effekt eintreten, dass tradierte aber ineffiziente Handlungsroutinen des Mitarbeiters aufgebrochen werden, weil er durch den neuen Input das eigene bisherige Handeln in Frage stellt und die Notwendigkeit zum Lernen besser erkennt. Auch dies steigert seine Lernbereitschaft.

Als eventuelles Manko der Job Rotation kann sich erweisen, wenn etwa betriebliche Bedingungen hinsichtlich der Lerngruppenzusammensetzung oder des Lernortes nicht den Anforderungen Älterer entsprechen. Dies kann in zu hohen Kosten der Arbeitsplatzgestaltung oder der Betriebsgröße begründet sein.

Dennoch kann die Job Rotation auch für KMU als eine geeignete Methode der Weiterbildung Älterer angesehen werden. Vermittelt werden vor allem Fachkompetenzen.

3.5.2.2. Teilnahme an Projektgruppen

Der Projektbegriff umreißt zeitlich befristete, relativ außergewöhnliche und ergebnisoffene Aufgabenstellungen in einem Unternehmen, zu deren Lösung die Zusammenarbeit einer begrenzten Anzahl von Spezialisten verschiedener Fachgebiete nötig ist (Schreyögg 1998: 194). Die Projektgruppenmitglieder werden hierfür zumindest teilweise von ihren eigentlichen Tätigkeiten abgezogen.

Der abteilungsübergreifende Teilnehmerkreis ermöglicht eine selbstgesteuerte Gestaltung von relativ komplexen Arbeits- und Lernprozessen bei der Lösung realer oder auch fiktiver Probleme (Sevsay-Tegethoff 2007: 115).

Aus der Sicht Älterer liegt der größte Vorteil von Projektgruppen in der Praxisrelevanz und der Bedeutung des Erfahrungswissens für die Problemlösung. Indem alle Teilnehmer ihre Sichtweise auf das Problem darstellen und erörtern, soll Erfahrungswissen den anderen Teilnehmern zugänglich gemacht und vergemeinschaftlicht werden (Zur Problematik impliziten Erfahrungswissens vgl. Porschen 2008). Auf diese Weise ergeben sich für Ältere zum einen Anknüpfungspunkte für eigene Lernprozesse, die eine eventuelle Lernentwöhnung ausgleichen. Andererseits erfahren sie selbst durch ihr ausgeprägtes Erfahrungswissen eine Aufwertung ihres Ansehens. Dies kann Teilnahmebarrieren abbauen und die Lernbereitschaft steigern. Daneben erhöht die aktivierende eigenständige Problemlösung die Gedächtnisleistung Älterer, gleichzeitig können kognitive Veränderungen bei der Wahl der Bearbeitungsgeschwindigkeit berücksichtigt werden (Becker & al. 2010: 21).

Projektgruppen können auch insofern als geeignete Methode für Ältere angesehen werden, als dass Gruppen durch ihre Konfliktträchtigkeit eine hohe soziale Kompetenz erfordern können, welche Älteren wiederum i.d.R. zugesprochen wird.

Als problematisch für Ältere dagegen können sich Mängel in der Projektkoordination herausstellen. Werden zu viele Facetten eines Problems gleichzeitig bearbeitet, fehlt die geforderte klare Gliederung der Lerninhalte. So belegt eine Studie der Deutschen Gesellschaft für Projektmanagement auch die fehlende Methodenkompetenz als größte Gefahr für den Projekterfolg (2008: 30). Daraus kann ebenso eine Gefahr für den Lernerfolg gefolgert werden.

3.5.2.3. Die Fallmethode

Fallstudien dienen der Simulation von Aufgabenstellungen und Problemsituationen aus dem betrieblichen Alltagsleben, zu denen auf Basis vorgegebener Informationen in einem bestimmten Zeitfenster Lösungsvorschläge erarbeitet werden sollen (Jung 2008: 293). Die Bearbeitung erfolgt einzeln oder innerhalb einer Gruppe unter der Aufsicht eines Trainers.

Die Fallmethode gilt auch für Ältere als geeignet, da sie wiederum durch ihren hohen Praxisbezug die Möglichkeit bietet, neues Wissen an bestehende Erfahrungen zu knüpfen. Obwohl die Lerninhalte extern festgelegt sind, bietet sich den Lernenden auch hier ein hohes Maß an Selbststeuerung hinsichtlich Lerngeschwindigkeit, -pausen und -wiederholungen. Somit werden Defizite in der kognitiven Verarbeitungsgeschwindigkeit Älterer berücksichtigt. Daneben entspricht die Fallmethode dem durch eine ausgedehnte Berufstätigkeit eher aufgabenbezogenen Lernstil Älterer, somit kann sie auch für Mitarbeiter eingesetzt werden, die eine längerer Weiterbildungsabstinenz aufweisen (Becker & al. 2010: 24).

Fallstudien schulen vor allem Fachkompetenz und personale Kompetenzen wie die Urteils- und Entscheidungsfähigkeit. Voraussetzung für einen Lernerfolg ist jedoch, dass in den Lösungen nicht nur erfolgreiches Vorgehen aus der Vergangenheit nachgeahmt wird, statt nach neuen Problemlösungen zu suchen (Jung 2008: 293). Insofern ist bei der Fallgestaltung auf eine relative Neuartigkeit der Aufgaben für die Lernenden zu achten.

Lernbereitschaft und Lernmotivation können einerseits durch das Hervorheben der Bedeutung der Maßnahme für die Lernenden und andererseits durch individuelles Feedback von Seiten des Trainers erhöht werden Becker & al. 2010: 24). Speziell positives Feedback vermittelt die geforderten wiederkehrenden kleinen Lernerfolge.

Werden Fallstudien computergestützt durchgeführt, sind jedoch die oft mangelnden Fähigkeiten Älterer im Umgang mit neuen Medien sowie ein entsprechendes Hard- und Softwaredesign in die Gestaltung miteinzubeziehen. Als förderlich für den Lernerfolg können sich computergestützte Verfahren allerdings erweisen, wenn sie visuelle und akustische Elemente verbinden.

3.5.2.4. Communities of Practice

Mit dem Begriff *Communities of Practice* (CoP) werden Praktikergemeinschaften bezeichnet, die sich informell selbst organisieren, selbst gewählte Zwecke erfüllen und ihre Führung selbst bestimmen mit dem Ziel, Informationen und Kenntnisse auszutauschen und sich auf diese Weise gegenseitig bei der Lösung von Problemen zu helfen (Porschen 2008: 169). CoPs sind als betriebliches Phänomen prinzipiell nicht neu.

In der Organisationstheorie erfahren informelle Strukturen seit den 50er Jahren Aufmerksamkeit (Schreyögg 1998: 14). Ihre derzeitige Bedeutung verdanken sie der Fokussierung auf Wissen als viertem Produktionsfaktor im Zuge der Wissensgesellschaft. Demnach stellt insbesondere Erfahrungswissen eine wertvolle mitarbeitergebundene Unternehmensressource dar. CoPs greifen ebendies auf, indem sie als zentrale Lernform den Erfahrungsaustausch praktizieren. Obgleich im eigentlichen Sinne eine Organisationsform, werden sie deshalb heute als innovative Methode informellen, selbstgesteuerten, erfahrungsgeleiteten und kooperativen Lernens aufgefasst (Sevsay-Tegethoff 2007: 109). Cops existieren in vielfacher Ausprägung, so z.B. in virtueller Form als Online-Community.

Um die Vorteile von CoPs für sich zu nutzen, sehen sich Unternehmen mit der paradoxen Aufgabe konfrontiert, diese zu institutionalisieren ohne ihren informellen Charakter zu gefährden. Als Grund hierfür kann angesehen werden, dass wertschöpfende CoPs sich nur dann bilden können und funktionieren, wenn die Atmosphäre unter den Mitgliedern von Freiwilligkeit und gegenseitiger Akzeptanz getragen wird. Infolgedessen können CoPs nicht einfach wie Teams zusammengestellt werden, sondern entwickeln sich bedarfsgerecht auf einer Vertrauensbasis (Porschen 2008: 170). Die Aufgabe von Unternehmen beschränkt sich bei diesem Paradox deshalb vornehmlich darauf, CoPs durch Bereitstellung von benötigten Ressourcen zu fördern.

Die Eignung dieser Methode für Ältere ist durch ihre Anwenderorientierung, das sehr hohe Maß an Selbststeuerung und die erfahrungsorientierte Problembearbeitung sehr gut gegeben. Insbesondere haben Mitarbeiter in CoPs die Möglichkeit bedarfs-, aber auch neigungsgerecht zu lernen, indem sie die Inhalte selbst bestimmen. Zudem besteht vollständige Autonomie hinsichtlich Lernzeiten und Dauer der Lerneinheiten. Kognitive Veränderungen hinsichtlich der kristallinen Intelligenz werden durch die Erfahrungsorientierung berücksichtigt. Auch der Lerntransfer ist durch die direkte Anwendung im Arbeitsprozess tendenziell gesichert. Die unterstellte Vertrauensbasis innerhalb CoPs senkt zudem Teilnahmebarrieren und stärkt somit die Lernbereitschaft.

Abbildung 6 zeigt ein Best-Practice-Beispiel für eine gelungene Institutionalisierung einer CoP anhand der Tech Clubs der Daimler AG.

> ## Tech Clubs bei der Daimler AG
>
> Der Bedarf an einer über die verschiedenen Autoplattformen hinausgehenden Kommunikation führte bei Daimler zu informellen Treffen von Ingenieuren, die spezifische Probleme ihres Arbeitsgebiets diskutierten. Manager erkannten den Wert dieser informellen Treffen für plattform-übergreifende Lernprozesse. Sie hatten aber auch ein Interesse daran, bestehende Hierarchien und formalisierte Beziehungen aufrecht zu erhalten. Man entschied sich dafür, die am Wissensaufbau beteiligten Gruppen informell zu belassen und nicht in die Matrix-Strukturen zu integrieren. Jedoch sollten auch diese Gruppen bewertet und unterstützt werden und in der Organisation greifbar werden. So entstanden bei Daimler die Tech Clubs, etablierten sich und wurden integraler Bestandteil der Arbeitsteilung. Die Ingenieure entdeckten, dass die Beteiligung an den TechClubs ihnen half, ihre Aufgaben besser zu erfüllen, und die darin verbrachte Zeit ihnen später bei ihren Entwicklungen viel Zeit sparte. In den Tech Clubs fanden sie Ansprechpartner für spezifische Probleme, sie lernten, was andere entdeckt haben und erforschten neue Technologien. Nach und nach wurden die Tech Clubs für ein Bündel wissensbasierter Aktivitäten verantwortlich gemacht. Dazu gehört beispielsweise die Dokumentation von „lessons learned", die Standardisierung von Praktiken in ihrem

> Gebiet, die Einführung von Neueinsteigern, Empfehlungen für die verschiedenen Funktionseinheiten und die Erforschung weiterführender Technologien. Ein wesentlicher Nutzen dieser Tech Clubs liegt in den sogenannten "Engineering Books of Knowledge", die wesentlich zur Verkürzung der Entwicklungszeiten und zur Senkung der Entwicklungskosten beigetragen haben.

Abbildung 6: Praxisbeispiel „Tech Clubs bei der Daimler AG" (eigene Darstellung in Anlehnung an Porschen 2008: 172, Lübcke & Ahrens 2003: 4).

3.6. Handlungsempfehlungen an die Praxis

Bisher haben wir gesehen, dass Ältere aufgrund der demographischen Entwicklung und der Knappheit an qualifizierten Fachkräften in Zukunft eine zunehmende Rolle in den Betrieben spielen werden. Dieser Trend zeichnet sich am Arbeitsmarkt bereits ab. Des Weiteren wurde festgestellt, dass die lange Zeit verbreitete negative Haltung gegenüber Älteren auf falschen Annahmen des Defizitmodells beruht. Es wurde stattdessen dargelegt, dass Ältere über besondere Potentiale verfügen, die zur Wertschöpfung eines Unternehmens beitragen können. Insofern sind Unternehmen angehalten, auch die Handlungskompetenz und Employability älterer Mitarbeiter zu fördern. Die Weiterbildung wurde hierfür als zentrales Instrument identifiziert. Dennoch sind Ältere bisher in der Weiterbildung unterrepräsentiert. Der Trend indes zeigt auch hier in die gegenteilige Richtung. Schließlich wurde ausführlich dargestellt, dass eine zielgruppengerechte Weiterbildung Älterer jedoch bestimmten Anforderungen unterliegt, die auf den Besonderheiten dieser Gruppe hinsichtlich ihrer Leistungs- und Lernfähigkeit beruhen.

Abbildung 7 verdichtet die gewonnenen Erkenntnisse tabellarisch in Form von Handlungsempfehlungen für die Praxis.

Handlungsempfehlungen zur Weiterbildung älterer Mitarbeiter
♦ Unternehmenskultur der Wertschätzung Älterer
♦ Öffnung formaler Weiterbildungsangebote für Ältere
♦ Schaffen von Informationsmöglichkeiten zur Weiterbildung
♦ Sensibilisierung von Führungskräften für Förderung von Senior Potentials
♦ Partizipative Bedarfserhebung nach Nutzen und auch Neigung
♦ Förderung informellen und selbstgesteuerten Lernens
♦ Bereitstellen verschiedenster benötigter Ressourcen (Raum, Zeit, Ausstattung...)
♦ Berücksichtigung veränderter Leistungsprofile Älterer
♦ Stärkung der Lernbereitschaft durch Anreize (z.B. Karriereperspektiven)
♦ Erklären der Bedeutung einzelner Maßnahmen für Gesamtzusammenhänge
♦ Altersgerechte Didaktik
♦ Erfahrungsgestütztes Lernen mit hohem Praxisbezug
♦ Modularisiertes Lernen mit wiederkehrendem Feedback
♦ Lernstrategietrainings für Lernentwöhnte
♦ Kontinuierliche Weiterbildung Älterer zur Vermeidung von Stress und Überforderung
♦ proaktive Weiterbildungspolitik

Abbildung 7: Handlungsempfehlungen zur Weiterbildung Älterer (eigene Darstellung in Anlehnung an Becker & al. 2010: 40f.).

Im Folgenden sollen zwei Praxisbeispiele für besonders gelungene und innovative Weiterbildung älterer Mitarbeiter dargelegt werden. Beide sind im Rahmen des „Weiterbildungs-Innovations-Preises 2012" des BIBB ausgezeichnet worden, der unter dem speziellen Wettbewerbsthema „Weiterbildung für Ältere im Betrieb" ausgeschrieben war.

Abbildung 8 zeigt am Beispiel des „Heidenhain Interactive Training", entwickelt von der R&S Keller GmbH, wie auch computerbasierte Lernformen sinnvoll in die Weiterbildung Älterer eingebunden werden können. Hier erfolgt dies im Rahmen eines Methoden-Mix.

> ### Heidenhain Interactive Training
>
> Der auf technische Weiterbildung spezialisierte Anbieter Keller hat im Auftrag der Firma Heidenhain ein modernes Lernprogramm erstellt, das älteren Facharbeitern das Bedienen und Programmieren komplexer CNC-Steuerungen altersgerecht vermittelt. Das attraktive und flexible Selbstlernkonzept besteht aus drei Elementen: Multimedia-System, Arbeitsheft und Original-Programmierplatz. Die jeweiligen Lernschritte werden in Zwischen- und Abschlusstests festgehalten und sind, unterstützt durch lernverstärkende akustische und optische Signale, so gestaltet, dass niemand überfordert wird.
>
> Das Lernprogramm zeichnet sich durch eine innovative Verbindung von Arbeiten und Lernen und eine besondere Kombination von multimedialen, traditionellen sowie zeit- und ortsungebundenen Lernelementen aus. Darüber hinaus ist das Lernangebot von hoher Anschaulichkeit und Abwechslungsreichtum gekennzeichnet.

Abbildung 8: Best Practice „Heidenhain Interactive Training" (eigene Darstellung in Anlehnung an http://www.bibb.de/de/60688.htm ; zuletzt eingesehen am 02.07.13)

Abbildung 9 gibt einen Einblick in das Konzept der Entwicklungsbegleitung (ENWIBE), das in einem gemeinsamen Projekt von ZNL (Universität Ulm), IAT (Universität Stuttgart) und dem ETZ entstand. Die Entwicklungsbegleitung stellt keine Weiterbildungsmethode im eigentlichen Sinn dar, zeigt aber eindrucksvoll Gestaltungsmöglichkeiten für lernbegleitende Maßnahmen und deren Bedeutung und Wirkung für die Aktivierung der Lernenden auf. Partizipative Elemente, das Setzen von Anreizen und Vermitteln von Sinnzusammenhängen wirken über die Lernbereitschaft und –motivation auf den Lernerfolg.

Entwicklungsbegleitung (ENWIBE)

Ausgangspunkt des Projektes ist der Fachkräftemangel, der die umfassende Nutzung des Potentials bereits vorhandener Mitarbeiter als eine vielversprechende Strategie erscheinen lässt. Ziel ist es, Mitarbeiter in die Lage zu versetzen, ihre Entwicklung eigenverantwortlich, engagiert und selbstständig im Sinne betrieblicher Erfordernisse zu verfolgen.

Hierzu wurde das Konzept der Entwicklungsbegleitung entwickelt. Entwicklungsbegleiter vereinbaren in regelmäßigen Gesprächen individuelle Ziele der Veränderung und Entwicklung mit den Mitarbeitern. Durch die aktive und begleitete Auseinandersetzung mit Veränderungen erkennen die Mitarbeiter die Sinnhaftigkeit stetigen Lernens, steigern ihre lernbezogene Selbstwirksamkeit und werden vermehrt befähigt, Lern- und Veränderungsprozesse vermehrt eigenständig zu planen, auszuführen und zu bewerten. Individuelle Potenziale werden so mit Unternehmenszielen zu einer win-win-Situation verbunden.

Die vertraulichen Gespräche innerhalb der Entwicklungsbegleitung werden so gestaltet, dass Mitarbeiter ihr Lernen und Entwicklungsmöglichkeiten reflektieren.
Die Gespräche verlaufen nach folgenden Phasen:

1. Klären gegenseitiger Erwartungen & Vermittlung von Wissen über das Lernen.
2. Reflexion von Faktoren gelingenden Lernens durch den Mitarbeiter.
3. Abbildung individueller Entwicklungspfade auf Basis persönlicher Biographien.
4. Erarbeiten von Entwicklungsideen auf Basis zukünftiger Ereignisse.
5. Formulieren von SMART-Zielen.
6. Die Umsetzung erfolgt selbstverantwortlich durch die einzelnen Mitarbeitenden.
7. Ein terminiertes Folgegespräch stellt die Kontinuität sicher.

Das Konzept der Entwicklungsbegleitung fördert die Bewusstheit, Entscheidungskompetenz, Gestaltungskompetenz von Lernenden und wirkt zudem aktivierend.

Abbildung 9: Best Practice „ENWIBE" (eigene Darstellung in Anlehnung an Bauer, Bergrande, Evanschitzky, Kern, Korge, Müller & Weller 2012).

Es bleibt jedoch festzuhalten, dass die in Abbildung 7 gegebenen Handlungsempfehlungen nicht allein für die Gruppe der Älteren relevant sind, sondern meist grundsätzlichen modernen pädagogischen Prinzipien der Erwachsenenbildung entsprechen (Bögel & Frerichs 2011: 83). Viele beobachtete Lernprobleme sind nicht allein altersbedingt, sondern beruhen auf fehlenden Lernchancen. Das höhere Lebensalter wirkt hier also nur als Verstärker dieser Probleme. Demnach scheint vor allem die Lerngeübtheit das entscheidende Kriterium für die Gestaltung von Lernarrangements zu sein, insofern bedarf es weitergehender Forschung zu altersgruppenbezogenen Didaktikkonzepten für unterschiedliche Personengruppen, Berufsfelder und Bildungsinhalte (ebenda).

4. Die Förderung älterer Mitarbeiter: Ausgesuchte Handlungsfelder des HRM zur Steigerung der Employability

Wie bereits dargestellt, ist es für Unternehmen angesichts des demographischen Wandels und des Fachkräftemangels von hoher Bedeutung, dass auch ältere Mitarbeiter produktiv am Arbeitsleben teilnehmen können. Entsprechend kommt den Betrieben die Aufgabe zu, die Beschäftigungsfähigkeit (Employability) ihrer Mitarbeiter nachhaltig zu fördern (Staudinger, Godde & Heidemeier 2011: 5). „Employability ist dabei kein eindeutiger Begriff, sondern beschreibt ein Verhältnis aus einerseits individuell verorteten Dispositionen, Qualifikationen und Kompetenzen und darauf bezogenen Rahmenbedingungen auf der anderen Seite" (Grumbach & Ruf 2007: 56). Somit ergibt sich ein mehrdimensionales Konzept, welches sowohl Potentiale als auch deren Verwertungsmöglichkeiten zusammenführt (ebenda). Mehrdimensionalität bedeutet hier, dass es diverse mögliche Handlungsfelder gibt, um Employability zu fördern. Der Umfang der einzubeziehenden Handlungsfelder differiert indes je nach Ansatz der jeweiligen Autoren erheblich (für einen Überblick vgl. Benz 2010: 162ff.). Zudem wird angedeutet, dass wirkungsvolle Gestaltungsansätze der Förderung über Einzelmaßnahmen hinausgehen und in einem ganzheitlichen demographiefesten Personalmanagement bzw. Altersmanagement angelegt sein sollten (Bögel & Frerichs 2011: 9).

In diesem Kapitel sollen nun ausgesuchte Handlungsfelder der Förderung älterer Mitarbeiter näher beleuchtet werden. Diese Handlungsfelder sind die betriebliche Gesundheitsförderung, die Arbeitsgestaltung sowie die Karrieregestaltung Älterer.

Zu bemerken ist, dass alle diese Felder weitreichende Interdependenzen hinsichtlich ihrer Wirkung für die Beschäftigungsfähigkeit im Zuge eines Altersmanagements aufweisen. Dies führt dazu, dass manche Autoren diese Handlungsfelder als bloße Ansatzpunkte unter dem Primat der Gesundheitsförderung erachten (vgl. Sporket 2011: 123). Im Folgenden sollen sie jedoch aus Gründen einer besseren Strukturierung gesondert betrachtet werden.

4.1. Die betriebliche Gesundheitsförderung

4.1.1. Begriffsabgrenzung und Zielsetzung betrieblicher Gesundheitsförderung

Betriebliche Gesundheitsförderung stellt ein zentrales Instrument zur Sicherung der Employability dar. Dies ist darin begründet, dass die moderne Arbeitswelt durch einen stetigen Strukturwandel mit Rationalisierung und zunehmender Komplexität der Tätigkeiten gekennzeichnet ist, der sich für Mitarbeiter in steigenden physischen und psychischen Anforderungen äußert (Neuner 2012: 13). Es besteht somit ein direkter Zusammenhang zwischen Gesundheit und der Leistungsfähigkeit. Ilmarinen und Tempel sehen in der Gesundheit eine wichtige Bedingung selbstständigen Handelns und insofern das Fundament zur Bewältigung von Arbeit (2013: 43ff.). Im Einklang mit der Definition der WHO von 1946 verstehen sie Gesundheit dabei nicht bloß als Abwesenheit von Krankheit und Behinderung, sondern als Zustand vollständigen physischen, geistigen und sozialen Wohlbefindens (ebenda). Dies impliziert, dass Gesundheit nicht nur an objektiven Kriterien (medizinisch erfassbare Symptome) festzumachen ist, sondern auch durch die subjektive Wahrnehmung des eigenen Gesundheitszustandes bestimmt ist (Armutat 2012b: 108).

In diesem Sinne umfasst *betriebliche Gesundheitsförderung* (BGF) alle Tätigkeiten von Arbeitgebern, Arbeitnehmern und Gesellschaft zur Verbesserung von Gesundheit am Arbeitsplatz (Benz 2010: 165). Eingeschlossen sind hier sowohl reaktive Maßnahmen zur Reduktion gesundheitlicher Belastungen, Krankheiten und Risikofaktoren am Arbeitsplatz sowie präventive Maßnahmen zur Vermeidung der selbigen (Benz 2010: 166). Insofern reicht die BGF von Maßnahmen des Arbeitsschutzes bis hin zu Maßnahmen der Verhaltensbeeinflussung. Ziel aller Maßnahmen ist die Absicherung der Leistungsfähigkeit aller Mitarbeiter. Dabei sollte berücksichtigt werden, dass Gesundheit nicht nur innerbetrieblichen, sondern immer auch außerbetrieblichen Einflüssen unterliegt (Armutat 2012b: 109).

Im Rahmen eines *betrieblichen Gesundheitsmanagements* (BGM) wird Gesundheit unter Inanspruchnahme von Managementstrategien mit Zielorientierung, strategischer Planung, Kennzahlenbasierung und Verantwortungserklärung als unternehmerisches Ziel verankert (Rosenbrock & Hartung 2011: 232).

4.1.2. Gesundheitliche Risiken im höheren Lebensalter

Da BGF auch auf den Erhalt der Leistungsfähigkeit älterer Mitarbeiter abzielt, muss sie sich an den in dieser Altersgruppe besonders relevanten Gesundheitsproblemen und Funktionseinschränkungen orientieren (Bögel & Frerichs 2011: 86). Diesbezügliche Daten liefert die Epidemiologie als Lehre von der Häufigkeit gesundheitsbezogener Zustände und deren Determinanten (Kuhn & Bolte 2011: 61). Als solche erbringt sie auch aus betrieblicher Sicht wertvolle Hinweise für die Planung von Gesundheitsförderungsmaßnahmen, indem sie über Häufigkeit, Schwere und Kosten einzelner Handlungsfelder und die Wirksamkeit einzelner Maßnahmen Auskunft gibt (ebenda).

Generell ist festzustellen, dass Ältere höhere Prävalenz- und Inzidenzraten in den meisten Krankheitsgruppen aufweisen als andere Altersgruppen, d.h. in der zweiten Lebenshälfte ist der objektiv messbare Anteil an erkrankten und neu erkrankenden Personen größer (Flor 2011: 20). Interessant ist, dass Ältere ihre Gesundheit subjektiv ebenfalls als schlechter einschätzen. Die subjektive Gesundheitseinschätzung ist gegenüber der objektiven Gesundheit insofern ein wertvolleres Maß für die Leistungsfähigkeit, als in sie neben der rein körperlichen Gesundheit auch andere relevante Bewertungen mit einfließen wie die allgemeine Lebenszufriedenheit und soziale Integration sowie die eigene Gesundheit im Vergleich zu früheren Lebensphasen oder zu Gleichaltrigen (Wurm 2006: 31). Zum einen ist sie ein Indikator für den tatsächlich subjektiv empfundenen Grad der Beeinträchtigung durch körperliche Beschwerden. Andererseits lässt sie über die Berücksichtigung der allgemeinen Lebenszufriedenheit und sozialen Integration indirekt auch Rückschlüsse bezüglich Aspekte der Arbeitsmotivation zu. Da Mitarbeiter, die in die Nichterwerbstätigkeit wechseln, bereits während ihrer Erwerbstätigkeit eine deutlich schlechtere subjektive Gesundheitseinschätzung haben als andere Erwerbstätige, stellt sie somit eine zu beachtende Informationsquelle für die zu erwartende berufliche Entwicklung eines älteren Mitarbeiters dar (Wurm 2006: 37f.).

Besonders betroffen sind Ältere von chronischen Krankheiten wie Herz- und Kreislaufleiden, Diabetes, Gelenk- und Rückenleiden sowie nachlassender Hör- und Sehfähigkeit (Wurm 2006: 23ff). Damit einhergehen funktionelle Beeinträchtigungen sensorischer Art und Mobilitätseinschränkungen bzgl. Knien, Heben und Bücken.

Auch die Ausdauerleistungen können deutlich gemindert sein. Der Grad der funktionellen Beeinträchtigung ist abhängig von der Schwere der Krankheit. In diesem Zusammenhang sind auch die höheren Raten an Mehrfacherkrankungen Älterer als problematisch anzusehen (ebenda). Daneben ist davon auszugehen, dass biologische Abbauprozesse des Alterns für die meisten solcher chronisch-degenerativen Beschwerden als irrelevant zu betrachten sind. (Sporket 2011: 90ff.). Vielmehr ist deren Ursache in den Bedingungen am Arbeitsplatz und dem außerbetrieblichen Gesundheitsverhalten zu suchen. Hier spielen bspw. Ernährungs- und Konsumgewohnheiten sowie eine mangelnde körperliche Aktivität eine Rolle. (Bögel & Frerichs 2011: 86)

Auffällig ist indes auch die Zunahme psychischer Erkrankungen. Diese haben sich seit Ende der 90er Jahre nahezu verdoppelt (Schobert 2012: 42). Insbesondere bei älteren Frauen bilden sie bereits die zweithäufigste Ursache für Arbeitsunfähigkeit (Sporket 2011: 93). Gründe für die enorme psychische Belastung der Mitarbeiter liegen hier in privaten Problemen, aber auch in der Arbeitsverdichtung, Zeitdruck, ständiger Verfügbarkeit und Konflikten mit Vorgesetzten und Kollegen (Armutat 2012b: 113). Oft gebrauchte Schlagworte der letzten Jahre wie „Burnout" und „Mobbing" können als Indiz hierfür gelten.

Abschließend lässt sich sagen, dass Ältere zwar seltener krankheitsbedingt arbeitsunfähig sind als jüngere Mitarbeiter, deren Ausfallzeiten aber länger dauern. Dies lässt sich unter anderem auf die häufigere Multimorbidität zurückführen, wobei die Krankheitsarten sich zwischen Männern und Frauen aufgrund unterschiedlicher typischer Beanspruchung am Arbeitsplatz unterscheiden (Schobert 2012: 41).

4.1.3. Inhalte der betrieblichen Gesundheitsförderung

Mit den im vorigen Abschnitt beschriebenen gesundheitlichen Belastungen Älterer sind die Inhalte der betrieblichen Gesundheitsförderung klar umrissen. Diese umfassen sowohl kurative als auch präventive Maßnahmen. In der Prävention ist zwischen Maßnahmen der Verhaltensprävention und der Verhältnisprävention zu unterscheiden. Verhältnisprävention bezieht sich hierbei auf die gesundheitswirksamen betrieblichen Rahmenbedingungen der Arbeit wie bspw. die ergonomische Arbeitsplatzgestaltung. Der Schwerpunkt liegt jedoch auf kurativen und verhaltenspräventiven Maßnahmen.

Abbildung 10 gibt einen Überblick über mögliche Maßnahmen der Gesundheitsförderung.

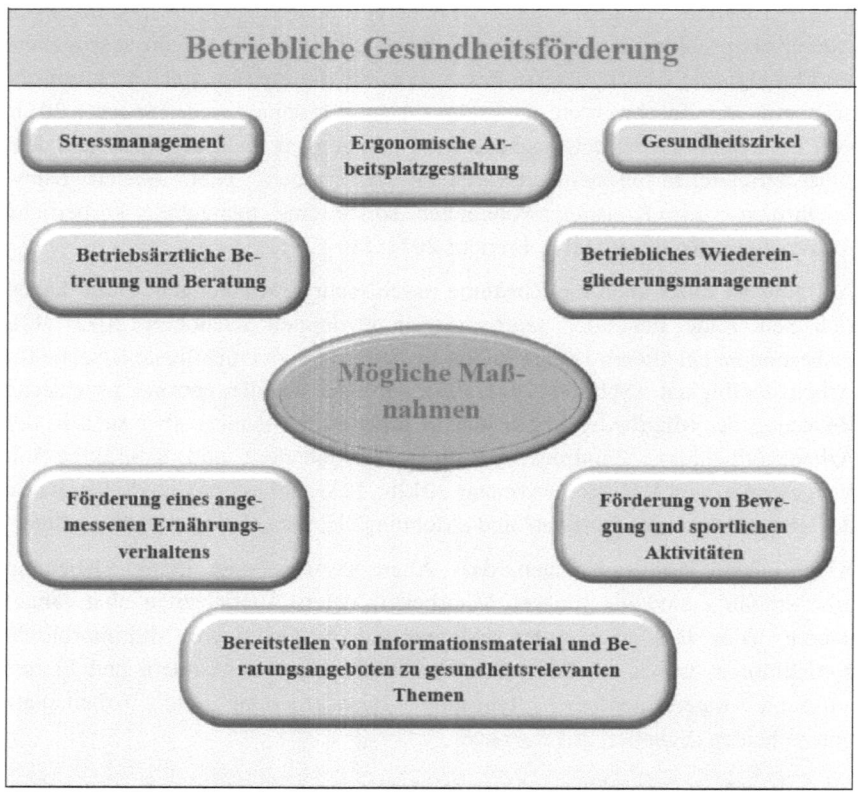

Abbildung 10: Mögliche kurative und verhaltenspräventive Maßnahmen der BGF (eigene Zusammenstellung nach Benz 2010: 167ff.; Armutat 2012b: 120).

Gemeinsames Kennzeichen effektiver und innovativer Gesundheitsförderungsprogramme, die die Geschäftsergebnisse nachhaltig verbessern, ist deren systematische Planung sowie strategische und umfassende Konzipierung (Voelpel & al. 2007: 189f.). Um eine größtmögliche Wirkung zu erzielen, umfassen sie als Eckpunkte eine Bedarfsanalyse und -bewertung, effektive Interventionen und Behandlung, die Vermeidung von Rückfällen sowie die Entwicklung einer Gesundheitskultur im Unternehmen (ebenda). Diese Elemente sind als interdependent anzusehen.

Unterstützung bei der Gestaltung von BGF-Programmen leisten u.a. Krankenkassen und Unfallversicherungen. Zudem sind Maßnahmen der BGF für Unternehmen begrenzt steuerlich absetzbar, was insbesondere für KMU den Einsatz von BGF unterstützt.

4.1.4. Ausgewählte Maßnahmen der betrieblichen Gesundheitsförderung

In diesem Abschnitt soll näher auf einzelne Maßnahmen der BGF eingegangen werden.

Stressmanagement

In Abschnitt 4.1.2 wurde bereits auf die starke Zunahme psychischer Belastungen auch für Ältere hingewiesen. Die Folge dieser psychischen Belastungen ist ein erhöhtes Stressempfinden. Stress bezeichnet eine menschliche Reaktion auf eine subjektiv empfundene Diskrepanz zwischen Umweltanforderungen und vorhandenen Kapazitäten der Person (Benz 2010: 174). Stress entsteht aufgrund von Anforderungen der Arbeitsaufgabe, durch physikalische Belastungen, soziale und organisationale Faktoren und/oder durch gesellschaftliche Faktoren (Stolz & Berssem 2010: 142). Somit spielen Belastungen wie Überforderung, Monotonie, zu geringer Handlungsspielraum, Zeitdruck, Lärm, innerbetriebliche Konflikte oder das Betriebsklima gegenüber älteren Mitarbeitern eine gewichtige Rolle. Die Besonderheit dieser Belastungen ist, dass sie nicht nur zu psychischen, sondern auch zu physiologischen Erkrankungen führen können. Die Bandbreite reicht von Rückenschmerzen über Ohrgeräusche, Bluthochdruck bis hin zu Depressionen oder dem Burn-Out-Syndrom.

Aufgrund der weitreichenden Konsequenzen psychischer Belastungen am Arbeitsplatz erscheint die ständige Bedeutungszunahme von Stressmanagement plausibel. Stressmanagement umfasst Instrumente der Verringerung psychischer Belastungen am Arbeitsplatz sowie Angebote zur individuellen Stressverarbeitung (ebenda). Die oben aufgeführten Ursachen der Entstehung von Stress geben dabei Hinweise auf vielfältige Ansatzpunkte. Auch hier bestehen Interdependenzen zwischen verschiedenen Bereichen der Personalentwicklung. So können etwa Qualifizierung, Job Rotation oder Job Enrichment einem Stressempfinden durch die Arbeitsanforderungen entgegenwirken. Physikalischen Belastungen wie Lärm kann evtl. durch Ruheräume begegnet werden.

Im Hinblick auf soziale Belastungen können Methoden der Teamentwicklung hilfreich sein. Auch im Rahmen der Führungskräftebildung sollte auf Entstehungsbedingungen und Auswirkungen von Stress eingegangen werden, um Führungskräfte für dieses Thema zu sensibilisieren.

Flankiert werden sollten solche Instrumente indes von personenbezogenen Ansätzen der Stressreduktion und Stressbewältigung wie Stressimpfungstrainings, Training sozialer Kompetenzen, Zeitmanagementkompetenzen, der Kommunikationsfähigkeit und der Vermittlung von Entspannungstechniken wie Yoga, Meditation oder autogenem Training (Bögel & Frerichs 2011: 95).

Als besonders wirksam hat es sich erwiesen, wenn Interventionen integriert auf der individuellen als auch organisatorischen Ebene stattfinden (ebenda).

Um einzelne Instrumente des Stressmanagements effektiv und präventiv einsetzen zu können, ist zuvor der betriebsspezifische Bedarf zu klären. Hierbei ist besonders der Bereich der psychosozialen Belastungen von Interesse, da sich von außen nur schwer abschätzen lässt, wie intensiv ein Mitarbeiter diese subjektiv empfindet. Neben ärztlichen Untersuchungen bietet eine große Zahl von Fragebögen wie dem Arbeitsbewältigungsindex oder dem Copenhagen Psychosocial Questionaire hier Unterstützung (vgl. Neuner 2012: 46ff.).

Abbildung 11 zeigt anhand des Unternehmens „Wolters Reisen" ein gelungenes Praxisbeispiel für die Umsetzung eines betrieblichen Stressmanagements.

> ### „Durchatmen - Durchstarten"- Wolters Reisen
>
> Stressbedingten Präventionsbedarf sieht Wolters Reisen für seine Mitarbeiter vor allem aufgrund saisonbedingter Stoßzeiten, in denen die Mitarbeiter besonders unter Zeitdruck und Terminvorgaben stehen.
> Das Unternehmen unterbreitet seinen Mitarbeitern daher ein Angebot zur Stressreduktion und für Entspannungspausen in Form von Kurzseminaren während der Arbeitszeit. Die Mitarbeiter lernen viele verschiedene Möglichkeiten der Stressreduktion am Arbeitsplatz und in der Freizeit kennen. Neben praktischen Entspannungsübungen werden kurze Impulsvorträge und ein schriftlicher Stresstest eingesetzt. Dabei soll der einzelne Mitarbeiter lernen, seine individuellen Stressauslöser aufzuspüren, Strategien zur Stressbewältigung erfahren und seine eigenen Ressourcen stärken. Ergänzend wird versucht, die Mitarbeiter zu mehr Bewegung zu motivieren.
> Die TUI BKK unterstützt die Anstrengungen von Wolters Reisen durch das Vereinbaren eines Bonusmodells zur betrieblichen Gesundheitsförderung.

Abbildung 11: Best Practice „Wolters Reisen" (eigene Darstellung in Anlehnung an BMG unter http://www.bmg.bund.de/praevention/betriebliche-gesundheitsfoerderung/best-practice-niedersachsen/projekte-stressbewaeltigung/durchatmen-durchstarten-woltersreisen.html; zuletzt eingesehen am 09.07.13)

Förderung von Bewegung und sportlichen Aktivitäten

Die Förderung körperlicher Aktivität und Fitness der Mitarbeiter ist aus betrieblicher Sicht ein verhältnismäßig unkompliziert zu beeinflussender Bereich. Dennoch sollte dieser Bereich nicht vernachlässigt werden, da die Funktionsfähigkeit einer Person im täglichen Leben und somit auch seine Arbeitsfähigkeit in großem Maße von seiner Fitness abhängen (Benz 2010: 172). Körperlicher Inaktivität werden diverse Gesundheitsrisiken wie Bluthochdruck, Übergewicht, Diabetes und verschiedene Muskel-Skelett-Erkrankungen zugeschrieben, während eine gute körperliche Fitness nicht nur diesen physischen Gesundheitsrisiken entgegenwirkt, sondern auch kognitive Abbauprozesse verlangsamen (wichtig für die Lernfähigkeit) sowie das psychosoziale Wohlbefinden steigern kann (Bögel & Frerichs 2011: 90). Körperliche Aktivität mindert also ebenfalls das Erleben von Stress, Ärger, Angst und Depressionen.

Als problematisch anzusehen ist in diesem Zusammenhang, dass nicht nur moderne Berufstätigkeiten geringe Ansprüche an eine dynamische Beanspruchung großer Muskelgruppen stellen, sondern zusätzlich die körperliche Aktivität insbesondere Älterer in der Freizeit als unzureichend einzustufen ist (ebenda). Bereits minimale aber regelmäßige Aktivität verbessert indes die Gesundheit erheblich (Benz 2010: 172). Deshalb profitieren speziell Ältere hier besonders von betrieblichen Fördermaßnahmen.

Als mögliche Instrumente kommen betriebseigene Krafträume, Kooperationen mit Sportvereinen oder Fitnesscentern, die Durchführung von Rückenschulen, Gymnastikkurse oder das Initiieren von Betriebssportgruppen wie Lauf-Treffs in Frage.

Zu beachten ist, dass es sich bei den Angeboten um Gesundheitssport handeln sollte, d.h. der Grad des Wettbewerbscharakters ist gerade im Hinblick auf den Fitnesszustand Älterer an deren individueller körperlicher Konstitution auszurichten und eher niedrig anzusetzen.

Ferner kann in die Planung miteinbezogen werden, dass auch Krankenkassen solche Bewegungsprogramme für ihre Versicherten oft bezuschussen.

Förderung eines angemessenen Ernährungsverhaltens

Ein unzureichendes Ernährungsverhalten weist im Hinblick auf mögliche Gesundheitsgefahren einen engen Zusammenhang zu den Risiken mangelnder körperlicher Aktivität auf. Etwaige Folgen können auch hier Übergewicht, Bluthochdruck, Diabetes, eine geringe Konzentrationsfähigkeit, Ermüdung oder Beschwerden des Muskel-Skelett-Systems sein.

Ziel eines angemessenen Ernährungsverhaltens ist es; Mangelzustände zu vermeiden und körperliche Ressourcen zu erhalten (Benz 2010: 173). Damit ergeben sich zwei Facetten gesunder Ernährung. Zum einen sollten dem Körper benötigte Nährstoffe in ausreichendem Maß zugeführt werden, zum anderen sollte auf übermäßigen Konsum von schädlichen Genussmitteln wie Alkohol und Tabak verzichtet werden. Somit spielt auch die Suchtprävention in dem Zusammenhang eine Rolle.

Suchtprävention ist vor allem deswegen in die Betrachtung mit einzubeziehen, weil Suchtkranke wie z.b. Alkoholiker hohe Kosten in einem Unternehmen verursachen können in Form von langen Rehabilitationszeiten, Leistungsminderung während der Arbeit, hohen Fehlerraten (Reklamationen/Kundenabwanderung) und einer erhöhten Unfallgefahr für sich und andere Mitarbeiter.

Ansatzpunkte zur Beeinflussung des Ernährungsverhaltens bestehen in der Sensibilisierung für das Thema durch Vermittlung relevanten Wissens und einer anforderungsgerechten Umsetzung in den Betrieben selbst (ebenda). Die Vermittlung relevanten Wissens muss dabei nicht mit dem bloßen Darlegen von Ernährungsfolgen enden, sondern sollte auch zur Auseinandersetzung mit dem eigenen Essverhalten anregen. Ergänzend können konkrete Handlungsempfehlungen zur Verbesserung präsentiert werden. Mögliche Instrumente sind bspw. Informationsmaterialien, Workshops, die Erstellung von Diätplänen inklusive Kontrollen, Kochkurse, Thementage („Veggie-Tag"), eine optimierte Kantinenverpflegung (Obst, Gemüse) oder die kostenlose Bereitstellung von Wasser.

Für betriebliche Programme zur Verbesserung des Essverhaltens sind positive, allerdings eher geringe Effekte nachgewiesen (Bögel & Frerichs 2011: 92). Jedoch bilden oftmals betriebliche Rahmenbedingungen wie die Pausengestaltung oder fehlende Betriebskantinen situative Barrieren (Bögel & Frerichs: 93).

Gesundheitszirkel

Gesundheitszirkel (auch Fokusgruppen genannt) sind zeitlich begrenzte betriebliche Problemlösegruppen zur Ermittlung von Belastungen und Ressourcen am Arbeitsplatz, Ursachenanalyse und Entwicklung von Lösungsvorschlägen (Ducki, Bamberg & Metz 2011: 142). Die Zusammensetzung von Gesundheitszirkeln variiert, möglich Teilnehmer sind Experten, Betriebsrat, Vorgesetzte, Mitarbeiter sowie ein Moderator, wobei Mitarbeiter in jedem Fall vertreten sein sollten (Kaiser 2011: 53). Die Gruppen sind also fach- und hierarchieübergreifend. Die verfolgte Grundidee ist, dass Mitarbeiter als eigentliche Experten für ihre Arbeitsplatzsituation am besten Verbesserungsvorschläge für auftretende Probleme entwickeln können (Krämer & Berssem 2010: 193). Ältere können hier aufgrund ihres Erfahrungswissens und sozialer Kompetenz eine besondere Funktion einnehmen (Benz 2010: 177).

Die Einbindung der Mitarbeiter zieht dabei diverse Effekte nach sich wie Problembewusstsein, verbesserte Gesundheitskompetenz, erhöhte Motivation sowie vergrößerte Handlungsspielräume (ebenda). Zudem ergibt sich dadurch der große Vorteil, dass deren Bedürfnisse explizit berücksichtigt werden (Benz 2010: 178). Als akzeptanzfördernd kann es angesehen werden wenn Zirkelergebnisse öffentlich unter der Belegschaft bekannt gemacht werden und zügig umgesetzt werden.

Obwohl differenzierte Wirkungsstudien zu Gesundheitszirkeln notwendig sind, weisen vorhandene Forschungsergebnisse auf deren positive Wirksamkeit hin. Die Zirkelstruktur (Teilnehmerzusammensetzung und Ablauf), der Prozess der Belastungsidentifizierung und Lösungssuche sowie daraufhin erfolgte Ergebnisumsetzungen werden von Teilnehmern als positiv bewertet (Ducki & al. 2011: 143).

Neuere Tendenzen zielen auf die Erprobung von Großgruppenverfahren wie „Open Space" oder dem „World Café" als Weiterentwicklung von Gesundheitszirkeln (Ducki & al. 2011: 144). Vorteil dieser Methoden ist, dass Problemlösungs-vorschläge durch die große Zahl von bis zu mehreren hundert Teilnehmern auf einer Vielzahl von Sichtweisen basieren, jedoch bedarf es sehr gut qualifizierter Moderatoren (ebenda).

4.2. Älterengerechte Arbeitsgestaltung

Die Arbeitsgestaltung ist ein zentrales und vielschichtiges Handlungsfeld der Förderung älterer Mitarbeiter. Der Grund hierfür ist naheliegend, die berufliche Leistungsfähigkeit wird in hohem Maße beeinflusst von den Bedingungen am Arbeitsplatz. Obwohl mit alternden Belegschaften die Bedeutung der Arbeitsbedingungen zunimmt, sind diese in den meisten Firmen nicht auf ältere Mitarbeiter und deren Charakteristika abgestimmt (Voelpel & al. 2007: 206). Nicht berücksichtigte physische, psychische und soziale Bedürfnisse bei der Arbeit können jedoch die Leistungsfähigkeit der Mitarbeiter durch Dequalifizierung, gesundheitliche Beeinträchtigungen, Entmutigung und Demotivation gefährden (Bögel & Frerichs 2011: 29). Gerade Ältere sind diesen Wirkungen durch die Langjährigkeit ihrer Tätigkeit unter solchen Arbeitsbedingungen verstärkt ausgesetzt.

Insofern ist das Ziel einer älterengerechten Arbeitsgestaltung der Erhalt und die Förderung von Gesundheit, Motivation und Qualifikation als Determinanten der beruflichen Leistungsfähigkeit im Erwerbsverlauf (Nyhuis & Hattesohl 2012: 264). Damit entspricht diese Zielsetzung den Grundsätzen humaner Arbeit (vgl. Ulich 2005: 149). Zugleich wird hier das breite Wirkungsspektrum der Arbeitsgestaltung mit Ausstrahlungseffekten für die Weiterbildung und betriebliche Gesundheitsförderung deutlich. Wiederum zeigt sich also die allgemeine Interdependenz zwischen den Instrumenten der Personalentwicklung.

Da das Leistungsvermögen speziell Älterer einem kontinuierlichen Wandel unterliegt, stellt die Arbeitsgestaltung indes eine dynamische Aufgabe dar, bei der die Wechselwirkung zwischen Mitarbeiter und Arbeitsbedingung ständig überprüft und justiert werden sollte (Benz 2010: 179). Die Arbeitsgestaltung als Handlungsfeld kann dabei in die Bereiche der ergonomischen Arbeitsgestaltung, der Arbeitsstrukturierung sowie der Arbeitszeitgestaltung unterteilt werden.

Im Folgenden sollen die Bereiche der Arbeitsstrukturierung und Arbeitszeitgestaltung näher beleuchtet werden.

4.2.1. Die Arbeitsstrukturierung

Kern der Arbeitsstrukturierung ist die Ausgestaltung von Arbeitsinhalten. Als älterengerecht kann eine Arbeitsstrukturierung gelten, die vor allem Leistungseinbußen aufgrund monotoner Belastungen vermeidet, da die Leistungsfähigkeit Älterer entscheidend von der Flexibilität der physischen, psychischen und kognitiven Arbeitsanforderungen und einer Ausdehnung ihres Verantwortungsbereichs abhängt (Benz 2010: 180). Die angesprochene Flexibilität verstärkt also die Lern- Motivations- und Gesundheitsförderlichkeit von Arbeitsinhalten sowie daraus erwachsender Arbeitsaufgaben, sofern diese nicht zu Überforderung führen. Bögel und Frerichs identifizieren als Kennzeichen entsprechend förderlicher Arbeitsaufgaben deren Ganzheitlichkeit, Anforderungsvielfalt, Sinnhaftigkeit, sowie die Ermöglichung von Lerneffekten, Autonomie, sozialer Interaktion und Zeitelastizität (2011: 38ff.) Solche Arbeitsaufgaben erlauben also das gemeinschaftliche Bearbeiten umfassender Aufgabenzusammenhänge (Planungs-, Ausführungs- und Kontrollelemente) unter Mobilisierung unterschiedlicher Fähigkeiten und Wissensbestände.

Graduelle Freiheitsgrade bestehen hier hinsichtlich der Auswahl von individuellen Bearbeitungsstrategien und der Zeiteinteilung. Lerneffekte treten bei problemhaltigen und abwechslungsreichen Aufgaben ein, zu deren Bewältigung der ältere Mitarbeiter auf vorhandene Qualifikationen zurückgreifen oder neue Qualifikationen entwickeln muss.

Nicht immer erfüllbar ist indes das Anspruchsniveau an älterengerechte und förderliche Arbeitsstrukturierung, welches aus diesen Kennzeichen erwächst. Hierzu genügt es, sich eine industrielle Serienproduktion vor Augen zu halten. Wünschenswerte Kennzeichen von Arbeitsaufgaben wie Autonomie und Zeitelastizität sind in diesen Arbeitssystemen extrem eingeschränkt.

Dennoch existieren Instrumente, die trotz restriktiver Bedingungen der betrieblichen Leistungserstellung eine zumindest graduelle Vermeidung monotoner Belastungen ermöglichen. Also solche Instrumente gelten die Job Rotation, das Job Enlargement, das Job Enrichment sowie die Gruppenarbeit. Auf die *Job Rotation* wurde bereits ausführlich in Abschnitt 3.5.2.1 eingegangen. Mitarbeiter bekleiden hier verschiedene Arbeitsplätze und erleben dadurch physische und geistige Belastungswechsel. Innerhalb des *Job Enlargements* sollen Monotonie und einseitige Belastungen durch eine quantitative Aufgabenerweiterung auf demselben Anforderungsniveau gemindert werden (Krüger 2006: 79). Hier ist jedoch darauf zu achten, dass keine gleichförmig belastenden Tätigkeiten mit anderen ähnlich alterskritischen Tätigkeiten verbunden werden, da ansonsten eine Belastungserhöhung eintritt (Bögel & Frerichs 2011: 42). Das Job Enrichment gestattet physische und geistige Belastungswechsel durch eine qualitative Aufgabenerweiterung (Krüger 2006:79). Entsprechend höhere Entscheidungs-befugnisse und Handlungsspielräume des Mitarbeiters bedingen eine entsprechende Verantwortungsübernahme und Handlungskompetenz (Benz 2010: 183). Die Gruppenarbeit schließlich vereinigt diese Instrumente in einem Organisationsmodell, bei dem der Gruppe die Verantwortung für einen Fertigungsabschnitt übertragen wird und diese die Arbeitsaufteilung selbst reguliert (Bögel & Frerichs 2011: 43). Altersgemischte Teams fordern und fördern die Kommunikations-, Kooperations-, Problemlöse- und Konfliktfähigkeit der Mitglieder, wobei altersspezifische Kompetenzen ausgeschöpft und individuelle Leistungsdefizite durch andere Mitglieder ausgeglichen werden (Benz 2010: 184).

Aus Unternehmenssicht entsteht daneben der Vorteil eines intergenerativen Wissensaustausches, der vor allem im Hinblick auf die Bewahrung von unternehmensspezifischem Erfahrungswissen nützlich ist. Dies entspricht der ressourcenorientierten Perspektive auf altersgemischte Teams, die deren kognitive Vielfalt als Grund für bessere Leistungen solch heterogener Teams betont (Waskowsky 2012: 70). Demgegenüber steht die prozessorientierte Perspektive, welche auf gestörte Gruppenprozesse abhebt und altersgemischten Teams aufgrund deren Konfliktträchtigkeit schlechtere Leistungsvoraussetzungen zuschreibt (Waskowsky 2012: 69f.).

Gruppenkonzepte bergen demnach Vorteile und Gefahren, die gegeneinander abgewogen werden müssen. Weiter oben wurde angemerkt, dass Gruppenkonzepte die Vorteile der ersten drei Instrumente (Job Rotation usw.) auf sich vereinigen können. Im Sinne einer älterengerechten Arbeitsstrukturierung ist deshalb darauf zu achten, dass innerhalb dieser Teams auch für Ältere eine Vielfalt an Anforderungen und Belastungswechseln besteht und diese nicht durch einseitige und evtl. minderwertige Tätigkeiten in eine Spezialisierungsfalle geraten. (vgl. Krüger 2006: 91).

4.2.2. Älterengerechte Arbeitszeitgestaltung

Der Arbeitszeitgestaltung kommt im Hinblick auf die Förderung der Employability Älterer eine gewichtige Rolle zu. Hierbei sind die Arbeitszeitdimensionen Lage, Dauer und Verteilung gleichermaßen bedeutsam, da sie eine Quelle möglicher Belastungen darstellen, die sich negativ auf die Leistungsfähigkeit der Mitarbeiter auswirken können (Sporket 2011: 136). Als besonders belastend empfinden Ältere fremdbestimmte Arbeitszeitvorgaben sowie starre Regelungen wie Nacht- und Schichtarbeit, Wochenendarbeit Überstunden sowie lange ununterbrochene Arbeitsphasen (Benz 2010: 187). Die Wirkungen solcher Arbeitszeitregime sind bekannt (mangelnde Regeneration, gesundheitliche Beeinträchtigung, Leistungsminderung, unausgewogene Work-Life-Balance). Dennoch resultieren Bemühungen um geeignete Arbeitszeitmodelle in den Betrieben meist in Kompromisslösungen, da gänzlich individuelle Lösungen durch den betrieblichen Prozess der Leistungserstellung erschwert werden und hierfür verschiedene Einflussfaktoren zu berücksichtigen sind.

Solche Einflussfaktoren bestehen in gesetzlichen tariflichen Bestimmungen, arbeitswissenschaftlichen Empfehlungen, betrieblichen Zielen sowie Wünschen der Mitarbeiter und sind nur teilweise miteinander zu vereinbaren (Bornewasser & Zülch 2013: 24).

Konkrete Ansatzpunkte für eine älterengerechte Arbeitszeitgestaltung bilden neben der Gestaltung von Pausen sowie Nacht- und Schichtarbeit die Arbeitszeitflexibilisierung und Lebensarbeitszeitmodelle (Bögel & Frerichs 2011: 47). Auf letztere soll im Folgenden eingegangen werden.

Arbeitszeitflexibilisierung wie Lebensarbeitszeitmodelle stellen eine Einflussnahme auf die Verteilung von Arbeitszeit dar. Flexible Arbeitszeitgestaltung umfasst die Anpassung der Arbeitszeit an die persönliche Lebenslage und individuelle Bedürfnisse der Mitarbeiter (Strotmann 2006: 101). Dabei ist sie zunächst einmal kurz- und mittelfristig orientiert. Der Mitarbeiter erhält je nach Ausgestaltung der entsprechenden Instrumente die Möglichkeit, seine Arbeitszeit relativ frei an seinen Freizeitbedürfnissen, seinem individuellen Tagesrhythmus oder zur Regeneration nach Belastungsspitzen anzupassen. Richtwert sind hier jedoch die vereinbarten wöchentlichen oder monatlichen Arbeitszeiten, die oft mittels Arbeitszeitkonten festgehalten werden. Instrumente einer solchen kurz- und mittelfristigen Arbeitszeitgestaltung sind Modelle variabler Arbeitszeit wie Gleitzeit, Vertrauensarbeitszeit oder die kapazitätsorientierte variable Arbeitszeit (Bögel & Frerichs 2011: 53). Als älterengerecht im Sinne der Employability kann der Einsatz dieser variablen Modelle jedoch nur bezeichnet werden, sofern Mitarbeiter tatsächlich Einfluss auf ihre Arbeitszeit nehmen können, um ihren Bedürfnissen zu entsprechen. Aus Sicht Älterer ist jedoch zu kritisieren, dass diese Modelle in der Praxis weniger der Förderung der Mitarbeiter dienen. Ziel von Unternehmen ist vielmehr die Steigerung von betrieblicher Produktivität und Wettbewerbsfähigkeit (Krüger 2006: 92). In diese Richtung deuten auch die Ergebnisse einer groß angelegten Betriebsbefragung von Groß und Schwarz, die von einer starken Ausweitung der Betriebszeiten, einer deutlichen Verlängerung der Wochenarbeitszeiten und dem Aufbau von Überstunden zur Bewältigung von Auftragsspitzen berichten (2010: 16ff.).

Diese Nutzung flexibler Arbeitszeitarrangements ist aus der Sicht Älterer als kontraproduktiv anzusehen, da sie statt größerer Zeitsouveränität verringerte Planungssicherheit und Synchronisationsprobleme zwischen Arbeits- und Freizeit hervorruft (Bögel & Frerichs 2011: 53).

Langfristig orientiert sind dagegen sogenannte Lebensarbeitszeitmodelle. Dabei werden auf entsprechenden Konten Zeitguthaben festgehalten, die aus früherer Mehrarbeit, Urlaubsverzicht oder Lohnumwandlung resultieren (Krüger 2006: 92f.). Diese können später für Sabbaticals oder einen gleitenden Rentenübergang genutzt werden (Benz 2010: 188). Als Instrument einer älterengerechten Arbeitszeitgestaltung können diese Modelle jedoch nur dann gelten, wenn z.B. Sabbaticals für Weiterbildungszwecke genutzt werden. Führen Lebensarbeitszeitkonten dagegen zu einem vorzeitigen Austritt aus dem Berufsleben, ist davon auszugehen, dass das angesparte Zeitguthaben durch zu hohe Belastungen und psychophysische Verschleißprozesse in früheren Erwerbsphasen erkauft wurde (Bögel & Frerichs 2011: 54f.). Dies steht jedoch der Förderung von Employability bis ins hohe Alter diametral entgegen.

In diesem Kontext scheint daher das Instrument der Wahl- bzw. Jahresarbeitszeit die Arbeitsfähigkeit weitaus besser zu fördern. Hier entscheidet der Mitarbeiter in Absprache mit dem Arbeitgeber einmal jährlich über sein individuelles wöchentliches Arbeitszeitvolumen mit dem entsprechenden Einkommensniveau (Krüger 2006: 93). So besteht die Möglichkeit, die Arbeitstätigkeit temporär zu verringern oder auszusetzen, um individuellen Interessen und Verpflichtungen folgend zwischen arbeitsintensiven und regenerativen Phasen abzuwechseln (Benz 2010: 188).

4.3. Die Laufbahngestaltung Älterer

Die Laufbahngestaltung stellt ein ist ein weiteres Handlungsfeld zur Förderung älterer Mitarbeiter dar. Um deren Employability zu steigern, sind von Unternehmen auch hier Bedingungen, sprich Karrierewege abseits des traditionellen Karriereverständnisses, zu schaffen, die die Potentiale Älterer in geeigneter Weise unterstützen.

4.3.1. „Werde-Gang statt Lauf-Bahn": Die Notwendigkeit eines neuen Karrierebegriffs für Ältere

Es existieren vielfältige Definitionen des Karrierebegriffs. Unter anderem kann Karriere als Abfolge objektiv wahrnehmbarer Positionen im Zeitablauf bezeichnet werden, die damit auch Seitwärts- und Abwärtsbewegungen umfasst (Becker 2009: 520). Bezeichnend ist jedoch der allgemeine Sprachgebrauch mit einem Karriereverständnis als rasche Abfolge von Aufwärtsbewegungen in einer Organisation (ebenda). Dies entspricht dem traditionellen beruflichen Modell, in dem Karrieren steil als „Schornsteinkarrieren" verlaufen, Beförderungen in eine erste Führungsverantwortung jenseits des 40. Lebensjahres aber selten sind (Birkner 2004: 55). Karriere ist in diesem Modell immer eng verbunden mit einem Aufstieg in der Unternehmenshierarchie. Der Aufstieg fungiert hier als Belohnung für gute Vorleistungen und geht mit einer Zunahme an Status und Gehalt einher, an dem Ältere indes nicht teilhaben und die höhere Stelle unter Umständen sogar weniger auf die Kompetenzen des Mitarbeiters zugeschnitten ist.

Diese Sichtweise ist heute aufgrund geänderter Rahmenbedingungen für Unternehmen nicht mehr haltbar. Zum einen sind Aufstiegsmöglichkeiten in Zeiten flacher Hierarchien von vornherein nicht mehr so zahlreich gegeben, zum anderen wechseln Arbeitnehmer heute öfter auch unfreiwillig den Arbeitgeber, weil diese aufgrund dynamischer Marktanforderungen keine lebenslange Beschäftigung mehr garantieren können (Birkner 2004: 56). Dies führt im ungünstigsten Fall zu unterbrochenen Berufsbiographien. Der berufliche Wiedereinstieg gelingt aber nur selten auf einer höheren Hierarchieebene. Zudem lassen der demografische Wandel und der aufkommende Fachkräftemangel eine Personalpolitik als absurd erscheinen, bei der Mitarbeiter ab 45 Jahren kaum Chancen auf Aufstieg bekommen, obwohl sie noch 20 Berufsjahre vor sich haben (ebenda).

Fuchs fordert daher zu Recht, dass dem Karrierebegriff ein neues Verständnis zugrunde gelegt werden sollte (2006: 179ff.). In diesem Verständnis ist Karriere nicht mehr an die organisatorische Rolle eines Mitarbeiters gekoppelt, sondern an seine Kompetenz und Employability auf dem internen und externen Arbeitsmarkt. Auch Statussymbole und Bezahlung sind somit vielmehr an der Kompetenzentwicklung, der Breite des Wissens und der Erfahrung eines Mitarbeiters auszurichten, als an der Hierarchiestufe.

Insofern umschreibt er Karriere treffend als Werde-Gang anstelle einer Lauf-Bahn. Der Wertschöpfungsbeitrag eines Mitarbeiters wird zu einer der bestimmenden Größen dieses Karriereverständnisses. Auf diese Weise öffnen sich auch für Ältere Karrierewege, auf denen sie Wertschätzung erfahren können. Im folgenden Abschnitt soll kurz auf solche Karrierewege eingegangen werden.

4.3.2. Älterengerechte Karrierereformen

In der Literatur werden drei verschiedene Karrieremuster für die zweite Hälfte des Berufslebens beschrieben. Dazu gehören die klassische Aufstiegskarriere, das Karriereplateau (horizontal) sowie die Wellenkarriere (Regnet 2012: 69). Dabei betrifft die *Aufstiegskarriere* immer nur einen kleinen Teil der Organisationsmitglieder. Ältere kommen hierfür in der Praxis gewöhnlich nur dann infrage, wenn sie besonders einsatz- und leistungsbereit sind (ebenda). Horizontale Karrieren auf dem *Karriereplateau* bezeichnen den Wechsel von Aufgaben und Tätigkeiten auf der gleichen Ebene. Dieses Muster beschreibt die Situation der meisten Arbeitnehmer und kann sowohl in den Bedingungen des Unternehmens begründet sein als auch in dem Mitarbeiter selbst (Regnet 2012: 70). In letzterem Fall fehlen bspw. notwendige Qualifikationen und Kompetenzen oder berufliche Ambitionen treten gegenüber einer bewussten Work-Life-Balance in den Hintergrund und behindern demnach einen weiteren Aufstieg. *Wellenkarrieren* entspringen einer bewussten Entscheidung des Mitarbeiters, für eine gewisse Zeit beruflich kürzer zu treten und einen teilweisen Verlust an Einkommen und Status in Kauf zu nehmen (Regnet 2012: 73). Ursachen sind entweder eine verminderte Leistungsfähigkeit mit dem Bedürfnis nach mehr Regeneration oder das Verfolgen zeitaufwendiger privater Ziele und Aufgaben wie die Pflege von Angehörigen.

Welchen Karrierepfad ein älterer Arbeitnehmer betritt, ist abhängig von verschiedenen Faktoren wie den betrieblichen Voraussetzungen, den Kompetenzen eines Mitarbeiters, seiner Leistungs- und Entwicklungsfähigkeit und nicht zuletzt seinem Tätigkeitsbereich mit evtl. hohen alterskritischen Belastungen. Unternehmen kommt hier die Aufgabe zu, die Motivation und Leistungsfähigkeit gerade Älterer durch eine geeignete Personal- und Karriereplanung hoch zu halten. Derartige Konzepte sollten Möglichkeiten für Tätigkeitswechsel vorsehen, die dem Leistungsvermögen und den Neigungen Älterer entsprechen (Bögel & Frerichs 2011: 59).

„Im Idealfall gelingt es auf diese Weise, Positionssequenzen zu bilden, die aufgrund einer optimalen Aneinanderreihung unterschiedlicher Belastungsformen und Qualifikationsmöglichkeiten einen langen Verbleib auch in alterskritischen Berufen" zulassen (ebenda). In diese Planung sollte der ältere Mitarbeiter möglichst einbezogen werden, da er hierdurch Transparenz, Sicherheit und Verantwortungsbewusstsein erlangt (Mentzel 2001: 140).

Dies wirkt sich positiv auf dessen Motivation aus. Älterengerechte Karrierepfade können sich somit zum einen auf der horizontalen Ebene ergeben, indem ein Positionswechsel erfolgt, der die Potentiale Älterer im Rahmen der neuen Tätigkeiten besonders zur Geltung bringt, aber dennoch mit Belastungsreduktionen einhergeht. Aus Unternehmenssicht scheint es dabei besonders sinnvoll, solche Tätigkeitsbereiche vorzusehen, die verstärkt auf das Erfahrungswissen rekurrieren wie etwa als Ausbilder, Coach, Mentor, zur Einarbeitung neuer Mitarbeiter, in der Qualitätskontrolle oder in Verhandlungen mit Kunden und Geschäftspartnern in Einkauf und Vertrieb (Krüger 2006: 88). Die Belastungsreduktion erfolgt in diesen Fällen überwiegend präventiv, insofern sind diese Tätigkeitswechsel von Versetzungen leistungseingeschränkter Mitarbeiter auf unterwertige Schonarbeitsplätze zu unterscheiden. (Bögel & Frerichs 2011: 59). Eine andere Möglichkeit älterengerechter Karrierepfade besteht in der Einrichtung von Fach- und Spezialistenlaufbahnen mit kontinuierlich anspruchsvolleren und vielseitigeren Aufgabeninhalten. Diese sind verbunden mit einem Zuwachs an Gehalt, Status und Kompetenzen, nicht aber mit einem Aufstieg in der Linienorganisation (ebenda).

Um Älteren auch Aufstiegskarrieren zu ermöglichen, wären etwa „Führungspositionen auf Zeit" eine denkbare Variante (Regnet 2012: 75). Dies erfordert allerdings geänderte Denkweisen in Unternehmen, eine Abkehr von der Angst vor Ansehensverlust und Besitzstandswahrung hin zur Anerkennung individueller Stärken und Leistungspotentiale. Auch hier spielt die Unternehmenskultur also eine wichtige Rolle für die Konzeption neuer Karrieremodelle für Ältere. Besonders im Hinblick auf ein wie oben beschriebenes neues Karriereverständnis müssen solche Karrieremodelle mit hoher Flexibilität von Seiten der Unternehmen und Mitarbeiter einhergehen und ziehen auch Konsequenzen für Entlohnungssysteme nach sich.

Generell kann festgehalten werden, dass die Konzeption älterengerechter Karriereformen idealerweise proaktiv gestaltet werden sollte. Als solche fördert sie den Erwerb neuen Wissens, die individuelle Veränderungsfähigkeit und – fähigkeit, baut einseitige Belastungen ab und beugt arbeitsbedingten physischen und psychischen Einschränkungen vor (Krüger 2006: 88).

4.4. Die Förderung älterer Mitarbeiter: Handlungsempfehlungen an die Praxis

Aus den Überlegungen zur Förderung älterer Mitarbeiter können eine Reihe von Handlungsempfehlungen an die Praxis abgeleitet werden. Diese werden in Abbildung 12 zusammengefasst und tabellarisch dargestellt.

Handlungsempfehlungen zur Förderung Älterer

Allgemeine Empfehlungen:
- Ausrichtung aller Maßnahmen an der Employability Älterer
- Beachten von Interdependenzen zwischen den Handlungsfeldern der Förderung
- Proaktiver ganzheitlicher Ansatz
- Prävention statt Reaktion
- Berücksichtigung von Mitarbeiterinteressen
- Beachten individueller Lebensumstände von Mitarbeitern

Empfehlungen zur betrieblichen Gesundheitsförderung:
- Schwerpunktsetzung auf die Verhaltensprävention
- Berücksichtigung insbesondere psychosozialer Belastungen
- Integration eines Gesundheitsbewusstseins in die Unternehmenskultur
- Sensibilisierung von Führungskräften für die Bedeutung der BGF
- Einbeziehen vorhandener Unterstützungsangebote durch Krankenkassen / Unfallversicherungen

Handlungsempfehlungen zur Förderung Älterer
Allgemeine Empfehlungen: ♦ Ausrichtung aller Maßnahmen an der Employability Älterer ♦ Beachten von Interdependenzen zwischen den Handlungsfeldern der Förderung ♦ Proaktiver ganzheitlicher Ansatz ♦ Prävention statt Reaktion ♦ Berücksichtigung von Mitarbeiterinteressen ♦ Beachten individueller Lebensumstände von Mitarbeitern
Empfehlungen zur betrieblichen Gesundheitsförderung: ♦ Schwerpunktsetzung auf die Verhaltensprävention ♦ Berücksichtigung insbesondere psychosozialer Belastungen ♦ Integration eines Gesundheitsbewusstseins in die Unternehmenskultur ♦ Sensibilisierung von Führungskräften für die Bedeutung der BGF ♦ Einbeziehen vorhandener Unterstützungsangebote durch Krankenkassen / Unfallversicherungen
↓

Abbildung 12: Handlungsempfehlungen zur Förderung älterer Mitarbeiter (eigene Darstellung)

5. Schlussfolgerungen für eine demographiefeste Personalarbeit

Die vorliegende Diplomarbeit beschäftigte sich mit der Weiterbildung und Förderung älterer Mitarbeiter. Dabei wurde festgestellt, dass die Gruppe älterer Mitarbeiter zukünftig einen Bedeutungszuwachs erfahren wird. Der demographische Wandel sowie der Fachkräftemangel bedingen diese Entwicklung. Wollen Unternehmen ihre Zukunftsfähigkeit erhalten, müssen sie verstärkt dazu übergehen, Ältere als Ressource ihrer Leistungserstellung zu nutzen. Ein verstärkter Einsatz Älterer zieht indes einen entsprechenden Bedarf an altersgerechten Personalkonzepten nach sich. Dazu ist es notwendig, veraltete Stereotype gegenüber Älteren zu überwinden und stattdessen ihre spezifischen Erfolgspotentiale in das Zentrum personalpolitischer Überlegungen zu rücken.

Als das zentrale Erfolgspotential Älterer wurde insbesondere im Kontext eines Übergangs zur Wissensgesellschaft ihr Erfahrungswissen identifiziert.

Gleichzeitig wurde festgestellt, dass die Leistungsfähigkeit im Alterungsprozess Veränderungen unterliegt. Neben körperlichen Abbauprozessen kommen hier vor allem kognitive Veränderungen zum Tragen. Sie beeinflussen nicht nur die Lernfähigkeit Älterer, sondern auch deren Art der Aufgabenerfüllung am Arbeitsplatz. Somit weisen Ältere einerseits als Gruppe abweichende Charakteristika gegenüber Jüngeren auf, zum anderen unterliegen diese Unterschiede aber auch individuellen Veränderungen im Alterungsprozess. Als grundlegende Determinanten der Leistungsfähigkeit sind über alle Handlungsfelder hinweg die Gesundheit, anforderungsgerechte Kompetenzen sowie die Motivation anzusehen. Neben kognitiven Voraussetzungen und den Bedingungen im sozialen Umfeld von Mitarbeitern ist die Ausprägung dieser Determinanten jedoch immer auch ein Ergebnis der Bedingungen am Arbeitsplatz. Die Entwicklung der Leistungsfähigkeit ist also abhängig von den Arbeitsbedingungen und somit aktiv beeinflussbar.

Da sowohl die Gesundheit, wie auch die Qualifikation und Motivation Älterer als tendenziell gefährdet gelten, gilt es, diese mittels eines zielgruppengenauen Instrumenteneinsatzes bei der Ausgestaltung der Arbeitsbedingungen im Betrieb zu stärken und die Leistungsfähigkeit Älterer und damit ihre Employability möglichst lange zu erhalten. Hier liegt der Ansatzpunkt aller älterengerechten Personalkonzepte. Die Arbeitsbedingungen Älterer sind so zu gestalten, dass sie gesundheitsförderlich und motivierend wirken und Entwicklungsmöglichkeiten durch Lerneffekte bieten. Erreicht werden kann dies über variierende Belastungen und Anforderungen von Tätigkeiten. Hierin zeichnet sich bereits die massive Interdependenz zwischen Weiterbildung, BGF und angrenzenden Förderbereichen für die Konzeption demographiefester Personalkonzepte ab. Aufgrund dessen kann deren Wirkung durch ganzheitliche integrierte Ansätze entscheidend gesteigert werden. Gemeinsames Kennzeichen ist hier zudem der stark proaktive Charakter der meisten möglichen Maßnahmen. Auf diese Weise verbleibt die Leistungsfähigkeit mit größerer Wahrscheinlichkeit kontinuierlich auf einem eher hohen Niveau. Das Korrigieren eingetretener Leistungsdefizite dagegen ist oft nur eingeschränkt möglich. Daneben impliziert die Proaktivität, dass demographiefeste Personalarbeit nicht erst bei Älteren einsetzen, sondern den Mitarbeiter während seines ganzen Berufslebens begleiten sollte.

Als relevante Handlungsfelder wurden neben der Weiterbildung die Förderbereiche der betrieblichen Gesundheitsförderung, der Arbeitsgestaltung sowie der Laufbahngestaltung betrachtet. Im Zuge dessen wurden jeweils geeignete Instrumente zur Steigerung der Employability Älterer dargestellt. Dabei zeigte sich, dass eine Reihe von wiederkehrenden Faktoren die Steigerung der Leistungsfähigkeit speziell älterer Mitarbeiter begünstigen.

Als erstes ist hier der hohe Anspruch an die Flexibilität angeboteter Lösungen und Maßnahmen zu nennen. Dieser lässt sich auf individuell stark divergierende Interessen, Bedürfnisse und Ziele unter den Mitarbeitern zurückführen.

Damit korrespondiert die Berücksichtigung dieser Bedürfnisse in der Planung konkreter Maßnahmen. Entsprechend wirkt es sich positiv aus, wenn im Unternehmen jederzeit Informations- und Kommunikationsmöglichkeiten mit Vorgesetzten bestehen, um bestehende Probleme oder Wünsche zu besprechen.

Dazu gehört die Sensibilisierung von Führungskräften für die Belange Älterer. Führungskräfte sind daher idealerweise Träger und Promotoren einer offenen und Wertschätzung gegenüber Älteren vermittelnden Unternehmenskultur.

6. Fazit

Der demographische Wandel und der Fachkräftemangel stellen für Unternehmen eine zunehmende Herausforderung dar. Zunehmend werden ältere Mitarbeiter als Potentialträger erkannt und als solche gezielt gefördert. Zentrale Handlungsfelder sind in der Weiterbildung, der betrieblichen Gesundheitsförderung und der Arbeitsgestaltung zu finden. Geeignete Instrumente zur Förderung Älterer sind im Prinzip nicht neu, dennoch müssen sie zielgruppenspezifisch angepasst werden. Gelingt dies, erscheinen auch Investitionen in die Employability von *Senior Potentials* sinnvoll. Dafür existieren eine Reihe von Instrumenten, die sich auch in kleinen und mittleren Unternehmen umsetzen lassen. Dafür werden ganzheitliche integrierte Ansätze eines Age-Managements gefordert. Age-Management muss dabei proaktiv aufgefasst werden und umfasst insofern ein Alters- und Alternsmanagement. Dennoch mangelt es bisher an ausgereiften zielgruppenspezifischen Managementsystemen. Hier besteht dringender Forschungsbedarf, um die Wertschöpfungskraft alternder Belegschaften für die Zukunft abzusichern.

7. Literaturverzeichnis

Adamy, W. 2012. Ältere Beschäftigte. Betriebe reagieren zu spät auf demografischen Wandel. Studie zur Beschäftigungssituation Älterer. Berlin. Online verfügbar unter http://www.dgb.de/themen/++co++e896e19c-c5c2-11e1-7ba0-00188b4dc422.

Arbeitsgemeinschaft Betriebliche Weiterbildungsforschung e.V. 2001. QUEM-Report: Berufliche Kompetenzentwicklung in formellen und informellen Strukturen. Berlin.

Armutat, Sascha 2012a. Wer sind ältere Mitarbeiter? Ein Charakterisierungsversuch. In: DGFP (Hg.), Personalentwicklung bei längerer Lebensarbeitszeit: ältere Mitarbeiter von heute und morgen entwickeln. Bielefeld: Bertelsmann, S. 15–28.

Armutat, Sascha 2012b. Gesundheitsmanagement - den ganzen und alle Mitarbeiter im Blick. In: DGFP (Hg.): Personalentwicklung bei längerer Lebensarbeitszeit: ältere Mitarbeiter von heute und morgen entwickeln Bielefeld: Bertelsmann, S. 107–122.

Backes-Gellner, Uschi 2009. Altersbilder bei Personalverantwortlichen in (deutschen) Unternehmen. In J. Kocka & M. Staudinger (Hg.), Bilder des Alterns im Wandel, S. 167–172. Halle.

Bartscher, Thomas; Stöckl, Juliane; Träger, Thomas 2012. Personalmanagement. Grundlagen, Handlungsfelder, Praxis. München, Harlow [u.a.]: Pearson, Higher Education (Always learning).

Bauer, A.; Bergrande, S.; Evanschitzky, P.; Kern, B.; Korge; G.; Müller, M. Weller, S. 2012. Entwicklungsbegleitung (ENWIBE): ereignisorientierte Entwicklungsgespräche für Mitarbeitende in Produktion und Handwerk. Online verfügbar unter http://www.znl-enwibe.de/ENWIBE-Broschuere.pdf, zuletzt aktualisiert am 11.04.2012, zuletzt geprüft am 01.07.2013.

Becker, Manfred 1999. Personalentwicklung. Bildung, Förderung und Organisationsentwicklung in Theorie und Praxis. 2. Aufl. Stuttgart: Schäffer-Poeschel.

Becker, Manfred 2009. Personalentwicklung. Bildung, Förderung und Organisationsentwicklung in Theorie und Praxis. 5. Aufl. Stuttgart: Schäffer-Poeschel.

Becker, Manfred 2011. Systematische Personalentwicklung. Planung, Steuerung und Kontrolle im Funktionszyklus. 2. Aufl. Stuttgart: Schäffer-Poeschel.

Becker, Manfred; Kirchner, Mascha; Labucay, Inéz 2010. Altersgerechte Weiterbildung in Unternehmen. "wer aufhört, fällt zurück". Halle (Saale): Univ., Jur. und Wirtschaftswiss. Fak (Betriebswirtschaftliche Diskussionsbeiträge, 82).

Becker, Manfred; Labucay, Inéz; Kownatka, Cindy 2008. Optimistisch altern. Theoretische Grundlagen und empirische Befunde demographiefester Personalarbeit für altersgemischte Belegschaften. 1. Aufl. München: Rainer Hampp Verlag. Download vom 03.07.2011 über Uni Erfurt unter www.wiso-net.de.

Behrend, Christoph 2002. Chancen für die Erwerbsarbeit im Alter. Betriebliche Personalpolitik und ältere Erwerbstätige. Opladen: Leske + Budrich.

Bellmann, Lutz & Leber, Ute & Stegmaier, Jens 2007. Betriebliche Personalpolitik und Weiterbildungsengagement gegenüber älteren Beschäftigten. Ein Überblick mit den Daten des IAB-Betriebspanels. In H. Loebe (Hg.), Demografischer Wandel und Weiterbildung: 81–97. Bielefeld: Bertelsmann.

Benz, Maike 2010. Personalmanagement in Zeiten des demographischen Wandels. Zukünftige Herausforderungen für groß- und mittelständische Unternehmen mit Fokus auf die Zielgruppe der älteren Arbeitnehmer. Saarbrücken: Südwestdeutscher Verlag für Hochschulschriften.

Birkner, Monika 2004. Personalentwicklung für ältere Mitarbeiter. Grundlagen, Handlungshilfen, Praxisbeispiele. 1. Aufl. Bielefeld: Bertelsmann (Schriftenreihe // Deutsche Gesellschaft für Personalführung, 74).

Bögel, Jan; Frerichs, Frerich 2011. Betriebliches Alters- und Alternsmanagement. Handlungsfelder, Maßnahmen und Gestaltungsanforderungen. 1. Aufl. Norderstedt: BOD.

Bornewasser, Manfred; Zülch, Gert 2013. Arbeitszeit - Zeitarbeit. Flexibilisierung der Arbeit als Antwort auf die Globalisierung. Dordrecht: Springer.

Brauer, Kai .2009. Perspektive 50plus? Theorie und Evaluation der Arbeitsmarktintegration Älterer. Wiesbaden: VS Verlag für Sozialwissenschaften (Alter(n) und Gesellschaft, 18).

Bundesagentur für Arbeit 2012. Arbeitsmarktberichterstattung: Der Arbeitsmarkt in Deutschland, Ältere am Arbeitsmarkt. Nürnberg. Online verfügbar unter http://statistik.arbeitsagentur.de/Statischer-Content/Arbeitsmarktberichte/Berichte-Broschueren/Arbeitsmarkt/Generische-Publikationen/Aeltere-am-Arbeitsmarkt-2011.pdf, zuletzt aktualisiert am 14.12.2012, zuletzt geprüft am 28.05.2013.

Charness, N.; Czaja, S.J: Older Worker Training: What We know and don`t know. Online verfügbar unter http://assets.aarp.org/rgcenter/econ/2006_22_worker.pdf.

Cornelißen, W. 2005. Gender-Datenreport. Datenreport zur Gleichstellung von Frauen und Männern in der Bundesrepublik Deutschland. München. Online verfügbar unter http://www.bmfsfj.de/doku/Publikationen/genderreport/1-Bildung-ausbildung-und-weiterbildung/1-9-weiterbildung,seite%3D3.html.

Deutsche Gesellschaft für Projektmanagement e.V. 2008. Potentiale und Bedeutung des Projektmanagements aus der Perspektive des Top-Managements. Studienergebnisse-. Online verfügbar unter http://www.gpm-ipma.de/fileadmin/user_upload/Know-How/Studienergebnisse_Top-Management.pdf, zuletzt geprüft am 26.06.2013.

DGFP (Hg.) 2012. Personalentwicklung bei längerer Lebensarbeitszeit : ältere Mitarbeiter von heute und morgen entwickeln. Bielefeld: Bertelsmann.

Döring, O.; Freiling, T. 2008. Betriebliche Weiterbildung. aktuelle Tendenzen und zentrale Zukunftsaufgaben. In: Dieter Gnahs (Hg.): Weiterbildungsverhalten in Deutschland, Bd. 2. Bielefeld: Bertelsmann (Theorie und Praxis der Erwachsenenbildung, 2), S. 79–88.

Ducki, Antje; Bamberg, Eva; Metz, Anna-Marie 2011. Prozessmerkmale von Gesundheitsförderung und Gesundheitsmanagement. In E. Bamberg (Hg.), Gesundheitsförderung und Gesundheitsmanagement in der Arbeitswelt: ein Handbuch. Göttingen [u.a.]: Hogrefe, S. 135–153.

Echterhoff, Wilfried 1992. Erfahrungsbildung von Verkehrsteilnehmern. Bergisch Gladbach (Forschungsberichte der Bundesanstalt für Straßenwesen, 254).

Ehmer, Josef; Höffe, Otfried 2009. Altersstereotype - Struktur, Auswirkungen, Dynamiken. In J. Ehmer & O. Höffe & J. Kocka & U. Staudinger (Hg.), Bilder des Alterns im Wandel. Stuttgart: Wissenschaftliche Verlagsgesellschaft mbH.

Euler, Dieter; Pätzold, Günter 2010. Selbstgesteuertes und kooperatives Lernen in der beruflichen Erstausbildung (SKOLA). Abschlussbericht des Programmträgers. Bochum, Freiburg, Br: Projektverl. (Dortmunder Beiträge zur Pädagogik, 44).

Faust, M. & Holm, R. 2001. Formalisierte Weiterbildung und informelles Lernen. In QUEM-Report: Berufliche Kompetenzentwicklung in formellen und informellen Strukturen, Heft 69. Berlin. Online verfügbar unter http://www.abwf.de/content/main/publik/report/2001/Report-69.pdf, zuletzt geprüft am 02.05.2013.

Flor, Wiebke 2011. Alter(n) und Gesundheitsförderung. In S. Blümel (Hg.), Leitbegriffe der Gesundheitsförderung und Prävention : Glossar zu Konzepten, Strategien und Methoden. Werbach-Gamburg: Verl. für Gesundheitsförderung, S. 19–24.

Fuchs, Jürgen 2006. Karriere zur Employability. Wie man im 21. Jahrhundert Karriere macht. In J. Rump & T. Sattelberger & H. Fischer (Hg.), Employability Management : Grundlagen, Konzepte, Perspektiven. Wiesbaden: Gabler, S. 179–186.

Geighardt-Knollmann, Christiane 2011. DGFP Studie: Megatrends und HR Trends. Düsseldorf: DGFP (PraxisPapier, 7/2011).

George, Rainer 2000. Beschäftigung älterer Arbeitnehmer aus betrieblicher Sicht. Frühverrentung als Personalanpassungsstrategie in internen Arbeitsmärkten. München: Hampp (Profession, 27).

Gnahs, Dieter 2007. Kompetenzen - Erwerb, Erfassung, Instrumente. 1. Aufl. Bielefeld: Bertelsmann (Studientexte für Erwachsenenbildung).

Gnahs, Dieter (Hg.) 2008. Weiterbildungsverhalten in Deutschland. Bielefeld: Bertelsmann (Theorie und Praxis der Erwachsenenbildung, 2).

Gnahs, Dieter; Rosenbladt, Bernhard von (2011): Weiterbildung Älterer. In B. von Rosenbladt und F. Bilger (Hg.), Weiterbildungsbeteiligung 2010 : Trends und Analysen auf Basis des deutschen AES. Bielefeld: Bertelsmann, S. 80–84.

Groß, Hermann & Schwarz, Michael 2010. Arbeitszeit, Altersstrukturen und Corporate Social Responsibility. Eine repräsentative Betriebsbefragung. 1. Aufl. Wiesbaden: VS Verl. für Sozialwiss.

Grube, Anna 2009. Alterseffekte auf die Bedeutung berufsbezogener Motive und die Zielorientierung. Online verfügbar unter http://miami.uni-muenster.de/servlets/DerivateServlet/Derivate-5114/diss_grube.pdf, zuletzt eingesehen am 20.05.2013.

Grumbach, J. & Ruf, U.P 2007. Demografischer Wandel in der Arbeitswelt: Hand-lungsrahmen und Handlungsfelder von Unternehmen, Gewerkschaften und Staat. In Theo W. Länge (Hg.), Generation 40plus. Demografischer Wandel und Anforderungen an die Arbeitswelt. Bielefeld: Bertelsmann, S. 33–66.

Hacker, W. & Skell, W. 1993. Lernen in der Arbeit. Berlin.

Hüther, Michael 2010. Erfahrungswissen in der Arbeitswelt - Kreativität und Innovationsfähigkeit älterer Mitarbeiterinnen und Mitarbeiter? In A. Kruse (Hg.), Potenziale im Altern : Chancen und Aufgaben für Individuum und Gesellschaft. Heidelberg: AKA, S. 235–250.

Jung, Hans 2008. Personalwirtschaft. 8. Aufl. München: Oldenbourg.

Kaiser, Ernst 2011. Alternsbewusste betriebliche Gesundheitsförderung - das Initialprojekt der "Arbeitssituationsanalyse 50plus". In B. Seyfried (Hg.), Ältere Beschäftigte : zu jung, um alt zu sein ; Konzepte - Forschungsergebnisse - Instrumente. Bielefeld: Bertelsmann, S. 43–55.

Kocka, Jürgen & Kohli, Martin 2009. Altern: Familie, Zivilgesellschaft, Politik. Halle (Saale): Deutsche Akademie der Naturforscher Leopoldina (Altern in Deutschland, 8).

Krämer, Karl Heinze; Berssem, Frank 2010. Gesundheitszirkel. In D. Kroll & J. Dzudzek (Hg.), Neue Wege des Gesundheitsmanagements: "Der gesunderhaltende Betrieb" - das Beispiel Rasselstein. Wiesbaden: Gabler, S. 192–196.

Krüger, Doreen 2006. Veränderungsprozesse in der Arbeits- und Personalpolitik vor dem Hintergrund der demographischen Entwicklung. Handlungsansätze für die betriebliche Praxis. Kassel: Kassel Univ. Press.

Kuhn, Joseph; Bolte, Gabriele 2011. Epidemiologie und Sozialepidemiologie. In S. Blümel (Hg.), Leitbegriffe der Gesundheitsförderung und Prävention: Glossar zu Konzepten, Strategien und Methoden. Werbach-Gamburg: Verl. für Gesundheitsförderung, S. 61–64.

Länge, Theo W. &. Menke B. (Hg.) 2007. Generation 40plus. Demografischer Wandel und Anforderungen an die Arbeitswelt. Bielefeld: Bertelsmann.

Langfermann, Johanna 2012. Einflussfaktoren auf die Weitergabe von Erfahrungswissen in Unternehmen. Eine empirische Studie am Beispiel der BMW AG. Hamburg: Kovač (Schriftenreihe innovative betriebswirtschaftliche Forschung und Praxis, 326).

Lehr, Ursula 2007. Psychologie des Alterns. 11. Aufl. Wiebelsheim: Quelle & Meyer.

Lübcke, E.; Ahrens, D. 2003. Communities of Practice als Instrumente sozialen Wissensmanagements. InstitutTechnik & Bildung, Universität Bremen. Online verfügbar unter http://www.itb.uni-bremen.de/downloads/cop.pdf, zuletzt geprüft am 28.06.2013.

Mentzel, Wolfgang 2001. Personalentwicklung. Erfolgreich motivieren, fördern und weiterbilden. 1. Aufl. München: Dt. Taschenbuch-Verl (dtv Beck-Wirtschaftsberater, 50854).

Neuner, Ralf 2012. Betriebliches Gesundheitsmanagement. Konzepte, Kennzahlen und Qualitätssicherung zur Verringerung psychosozialer Belastungen bei der Arbeit. Lage: Jacobs-Verl.

Nyhuis, Peter; Hattesohl, Sina 2012. Gestaltung altersgerechter Arbeitssysteme in der Pkw-Montage im Rahmen des Produktentstehungsprozesses. In E. Müller (Hg.) Demographischer Wandel : Herausforderung für die Arbeits- und Betriebsorganisation der Zukunft. Berlin: GITO-Verl, S. 263–280.

Oechsler, Walter A. 2011. Personal und Arbeit. Grundlagen des Human Resource-Management und der Arbeitgeber-Arbeitnehmer-Beziehungen. 9. Aufl. München: Oldenbourg (Oldenbourgs Lehr- und Handbücher der Wirtschafts- und Sozialwissenschaften).

Oswald, Wolf D. 2006. Gerontologie. Medizinische, psychologische und sozialwissenschaftliche Grundbegriffe. 3. Aufl. Stuttgart: Kohlhammer.

Pätzold, Günter & Reinisch, Holger & Nickolaus, Reinhold (Hg.) 2010. Handbuch Berufs- und Wirtschaftspädagogik. 1. Aufl. Stuttgart: UTB (UTB, 8442).

Porschen, Stephanie 2008. Austausch impliziten Erfahrungswissens. Neue Perspektiven für das Wissensmanagement. 1. Aufl. Wiesbaden: VS Verl. für Sozialwiss.

Probst, Gilbert J. B.; Raub, Steffen; Romhardt, Kai 2003. Wissen managen. Wie Unternehmen ihre wertvollste Ressource optimal nutzen. 4. Aufl. Wiesbaden: Gabler.

Rebmann, Karin; Tenfelde, Walter 2008. Betriebliches Lernen. Explorationen zur theoriegeleiteten Begründung, Modellierung und praktischen Gestaltung arbeitsbezogenen Lernens. 1. Aufl. München [u.a.]: Hampp (Schriften zur Berufs- und Wirtschaftspädagogik, 2).

Regnet, Erika 2012. Neue Karrieremodelle in einem veränderten wirtschaftlichen Umfeld. In DGFP (Hg.), Personalentwicklung bei längerer Lebensarbeitszeit: ältere Mitarbeiter von heute und morgen entwickeln. Bielefeld: Bertels- mann, S. 64–80.

Richenhagen, G. 2003. Länger gesünder arbeiten. Handlungsmöglichkeiten für Unternehmen im demografischen Wandel. Hg. v. Ministerium für Wirtschaft und Arbeit des Landes NRW. Online verfügbar unter http://www.neue-wege-im-bem.de/sites/neue-wege-im-bem.de/dateien/richenhagen_2003_laenger_gesuender_arbeiten.pdf, zuletzt geprüft am 08.06.2013.

Rosenbladt, B. von; Bilger, F. 2011. Weiterbildungsbeteiligung - und welche Lernaktivitäten dahinter stehen. In B. von Rosenbladt und F. Bilger (Hg.), Weiterbildungsbeteiligung 2010 : Trends und Analysen auf Basis des deutschen AES. Bielefeld: Bertelsmann, S. 23–48.

Rosenbrock, Rolf & Hartung, Susanne 2011. Gesundheitsförderung und Betrieb. In S. Blümel (Hg.), Leitbegriffe der Gesundheitsförderung und Prävention: Glossar zu Konzepten, Strategien und Methoden. Werbach-Gamburg: Verl. für Gesundheitsförderung, S. 231–235.

Rosenstiel, Lutz von 2009. Präferenzen, Einstellungen, Motive, Kompetenzen zur Arbeit (Kommentar zum Beitrag von Christian Stamov Rossnagel). In J. Kocka & U. Staudinger (Hg.), Altern: Familie, Zivilgesellschaft, Politik, S. 75–83.

Roßnagel, Christian 2008. Mythos: "alter" Mitarbeiter. Lernkompetenz jenseits der 40?! 1. Aufl. Weinheim: Psychologie Verlags Union.

Roßnagel, Christian Stamov 2010. Die Arbeitsmotivation älterer Beschäftigter. Eine Frage des Profils! In: Gesundheit, Qualifikation und Motivation älterer Arbeitnehmer - messen und beeinflussen : Dokumentation der Tagung am 01. und 02. Oktober 2009, Gustav-Heinemann-Haus, Bonn. Köln: Marie-Luise-und-Ernst-Becker-Stiftung, S. 137–143.

Roßnagel, Christian 2011. Berufliche Weiterbildung älterer Beschäftigter: Elemente einer umfassenden Förderstrategie. In B. Seyfried (Hg.), Ältere Beschäftigte: zu jung, um alt zu sein ; Konzepte - Forschungsergebnisse - Instrumente. Bielefeld: Bertelsmann, S. 57–64.

Schelten, Andreas 2005. Grundlagen der Arbeitspädagogik. 4. Aufl. Stuttgart: Steiner (Pädagogik).

Schobert, Deniz 2012. Personalmanagementkonzepte zur Erhaltung und Steigerung des individuellen Leistungspotentials der Belegschaft. Work-Life Balance, Diversity Management und Betriebliches Gesundheitsmanagement als Teil einer werteorientierten Unternehmenskultur. Hamburg: Kovac (Schriftenreihe Personalwirtschaft, 34).

Schreyögg, Georg 1998. Organisation. Grundlagen moderner Organisationsgestaltung ; mit Fallstudien. 2. Aufl. Wiesbaden: Gabler (Gabler-Lehrbuch).

Schröder, Helmut & Gilberg, Reiner 2005. Weiterbildung Älterer im demographischen Wandel. Empirische Bestandsaufnahme und Prognose. Bielefeld: Bertelsmann (Erwachsenenbildung und lebensbegleitendes Lernen).

Sevsay-Tegethoff, Nese 2007. Bildung und anderes Wissen. Zur "neuen" Thematisierung von Erfahrungswissen in der beruflichen Bildung. 1. Aufl. Wiesbaden: VS, Verl. für Sozialwiss.

Sporket, Mirko 2011. Organisationen im demographischen Wandel. Alternsmanagement in der betrieblichen Praxis. Techn. Univ, Wiesbaden, Dortmund.

Staudinger, U. M. & Godde, B. & Heidemeier, H. 2011. Den demografischen Wan- del meistern. Ergebnisse des "demopass" Projekts. Bielefeld: W. BertelsmannVerlag.

Stolz, Karsten & Berssem, Frank 2010. Psychische Gesundheit und Stressmanagement. In D. Kroll & J. Dzudzek (Hg.), Neue Wege des Gesundheitsmanagements : "Der gesunderhaltende Betrieb" - das Beispiel Rasselstein. Wiesbaden: Gabler, S. 140–147.

Strotmann, Inga 2006. Ältere Arbeitnehmer und der demographische Wandel. Aktu- elle Situation älterer Beschäftigter und Integrationsmodelle für die Zukunft. 1. Aufl. Saarbrücken: VDM, Müller.

Tempel, Jürgen & Ilmarinen, Juhani 2013. Arbeitsleben 2025. Das Haus der Arbeitsfähigkeit im Unternehmen bauen. Hamburg: VSA: Verlag.

Trautmann, Mireille & Voelcker-Rehage, Claudia & Godde, Ben 2011. Alter und Altern im Kontext der Arbeit. In U. Staudinger & Godde, B. & Heidemeier, H. (Hg.), Den demografischen Wandel meistern: eine Frage der Passung: Ergebnisse des "demopass"-Projekts. Bielefeld: Bertelsmann, S. 17–36.

Ulich, Eberhard 2005. Arbeitspsychologie. 6. Aufl. Stuttgart, Zürich: Schäffer-Poeschel; vdf, Hochsch.-Verl. an der ETH.

Voelpel, Sven & Leibold, Marius & Früchtenicht, Jan-Dirk 2007. Herausforderung 50 plus. Konzepte zum Management der Aging Workforce : die Antwort auf das demographische Dilemma. Erlangen: Publicis; Wiley.

Waskowsky, Stephanie 2012. Altersgemischte Teams. Untersuchung von Einflussfaktoren auf den Teamerfolg. Berlin: Logos-Verl (AutoUni-Schriftenreihe, 34).

Wegerich, Christine 2011. Strategische Personalentwicklung in der Praxis. Instrumente, Erfolgsmodelle, Checklisten, Praxisbeispiele. 2. Aufl. Weinheim: Wiley-VCH.

Wegner, Marion 2002. Personale Entwicklungsprozesse im Management. 360-Grad- Feedback und Coaching von Führungskräften. Münster: Waxmann (Internationale Hochschulschriften, 393).

Weiss, Reinhold 2009. Ausgelernt? Befunde, Interpretationen und Empfehlungen zum lebensbegleitenden Lernen älterer Menschen. In U. Staudinger & H. Heidemeier & J. Kocka (Hg.), Altern, Bildung und lebenslanges Lernen Stuttgart: Wiss. Verl.-Ges., S. 43–61.

Wurm, Susanne 2006. Gesundheitliche Potenziale und Grenzen älterer Erwerbsper-sonen. In Deutsches Zentrum für Altersfragen (Hg.), Expertisen zum fünften Altenbericht der Bundesregierung : Voraussetzungen und Möglichkeiten, Bd. 2, S. 7–97. Berlin.

Zimmermann, Hildegard 2009. Weiterbildung im späteren Erwerbsleben. Empirische Befunde und Gestaltungsvorschläge. Bielefeld: Bertelsmann (Schriftenreihe des Bundesinstituts für Berufsbildung, Bonn).

Einzelpublikationen

Führen von älteren Mitarbeitern von Markus Fost,

ISBN: 978-3-638-04896-5

Personalentwicklung. Eine lohnende Maßnahme bei älteren Mitarbeitern? Von Sina Dorothea Hankofer,

ISBN: 978-3-656-71759-1

Wissen durch Erfahrung. Weiterbildung und Förderung älterer Mitarbeiter als Erfolgsfaktor in Zeiten des Wandels von Thomas Duda

ISBN: 978-3-656-69112-9

Arbeitsmarktpolitische Herausforderungen des demografischen Wandels. Die ältere Belegschaft zwischen Age Management und Ruhestandserwartung von Jasmin Schmid

ISBN: 978-3-656-69510-3

Ältere Mitarbeiter lernen nicht schlechter. Relevanz und Umsetzungsimplikationen altersgerechter Didaktik von Henriette Kolbe

ISBN: 978-3-656-89208-3